Erziehen ohne Schimpfen und Meckern

Der pädagogische Erziehungsratgeber - Wie Sie Konflikte liebevoll lösen, ihr Kind verstehen und die Erziehung gelassen meistern inkl. Umgang mit Wut und Stress

Stefanie Blumenthal

ISBN – 9798528783864

Inhaltsverzeichnis

Vorwort 1

Neun Schritte für eine effektivere Elternschaft 2

1. Stärkung des Selbstwertgefühls Ihres Kindes 2
2. Kinder dabei erwischen, gut zu sein 3
3. Setzen Sie Grenzen und seien Sie konsequent bei Ihrer Disziplinierung 4
4. Nehmen Sie sich Zeit für Ihre Kinder 5
5. Seien Sie ein gutes Vorbild 6
6. Machen Sie Kommunikation zu einer Priorität 7
7. Seien Sie flexibel und bereit, Ihren Erziehungsstil anzupassen 8
8. Zeigen Sie, dass Ihre Liebe bedingungslos ist 9
9. Kennen Sie Ihre eigenen Bedürfnisse und Grenzen als Elternteil 10

Ein Leitfaden für Eltern, um die Teenagerjahre zu überleben 11

Die Teenagerjahre verstehen 12

Aneinanderstoßende Köpfe 13

Tipps für die Erziehung in den Teenagerjahren 14

Informieren Sie sich selbst 14
Früh und oft mit Kindern sprechen 15
Versetzen Sie sich in die Lage Ihres Kindes 16
Wählen Sie Ihre Schlachten 17
Legen Sie Erwartungen fest 17
Informieren Sie Ihren Teenager - und bleiben Sie selbst auf dem Laufenden 18
Kennen Sie die Warnzeichen 19
Respektieren Sie die Privatsphäre der Kinder 20
Überwachen, was Kinder sehen und lesen 21
Angemessene Regeln aufstellen 21
Wird das jemals vorbei sein? 22
Das Selbstwertgefühl Ihres Kindes 23
Warum Selbstwertgefühl wichtig ist 24
Wie sich das Selbstwertgefühl entwickelt 25
Wie Eltern Selbstwertgefühl aufbauen können 26
Fördern Sie den Sinn für Humor Ihres Kindes 30
Was ist überhaupt so lustig? 31
Unterschiedliche Altersgruppen - unterschiedlicher Humor 32
Babys 33
Kleinkinder 33
Humor-Grundlagen 35

Was können Sie noch tun, um den Sinn für Humor Ihres Kindes zu fördern? 36

Wo die Grenze zu ziehen ist 37

Die Familie, die zusammen lacht... 38

Ihr Kind disziplinieren 39

Alter 0 bis 2 Jahre 39

Alter 3 bis 5 Jahre 41

Alter 6 bis 8 Jahre 44

Alter 9 bis 12 Jahre 45

13 Jahre und älter 47

Sich mit Ihrem Prä-Teenager verbinden 49

Was zu erwarten ist 49

Was Sie tun können 51

Kindern helfen, mit Mobbing umzugehen 58

Wann ist es Mobbing? 58

Warum mobben Kinder? 59

Was sind die Anzeichen für Mobbing? 60

Was können Eltern tun? 61

Beratung für Kinder 64

Vertrauen aufbauen 66

Ermutigung zu einem gesunden Körperbild 68

Was ist das Körperbild? 68

Körperbild bei Babys und Kleinkindern 69

Körperbild bei heranwachsenden Kindern 69

Körperbild in der Pubertät und darüber hinaus 71

Können Hänseleien das Körperbild eines Kindes beeinflussen? 72

Kann ein Gesundheitszustand das Körperbild eines Kindes beeinflussen? 73

Was können Eltern sonst noch tun, um zu helfen? 74

Kinder zu einem klugen Umgang mit sozialen Medien erziehen 75

Was ist gut an Social Media 75

Was ist schlecht an Social Media 76

Bedenken und Konsequenzen 77

Was können Eltern tun? 78

Einen Vertrag schließen 80

Top 10 Hausaufgaben-Tipps 82

Hausaufgabenhilfe für Ihren Grundschüler 85

Ort einrichten 86

Die unterstützende Rolle eines Elternteils 87

Hausaufgaben Probleme 89

Wenn Kinder mit Hausaufgaben zu kämpfen haben 91

Das Fundament legen ... 92

Helfen Sie Ihrem Teenager bei den Hausaufgaben ... 94

Ort einrichten ... 94

Die unterstützende Rolle eines Elternteils ... 96

Hausaufgaben Probleme ... 98

Lernen fürs Leben ... 100

Haftungsausschluss ... 101

Vorwort

Dieses Buch beinhaltet im Folgenden einen breit gefächerten Einblick in viele Themen der Erziehung, der Förderung Ihres Kindes an verschiedenen alltäglichen Lebenssituationen sowie aber auch allgemeine Ratschläge oder Leitfaden, die Sie und Ihre Familie zu einem harmonischerem, erfüllterem und pädagogisch taktischeren Lebensalltag führen. Es werden hierbei vom Baby, zum Kleinkind und auch Jugendlichen, alle Phasen der Kindheit angesprochen und nützliche Anleitungen zum Umgang in diesen gegeben.

Anfangen möchten wir nun mit zwei allgemeineren Leitfäden, die behandeln, was es bedeutet, ein pädagogisch und förderndes Elternteil- oder Paar zu sein, sowie die Phase der Präpubertät und Pubertät als Eltern gelassener zu meistern.

Danach gehen wir in verschiedene spezifischere Leitfäden über, die Ihnen einen Ratgeber für jede Altersklasse in jeweiliger Thematik bieten.

Neun Schritte für eine effektivere Elternschaft

Kinder großzuziehen ist einer der härtesten und erfüllendsten Jobs der Welt - und derjenige, auf den Sie sich vielleicht am wenigsten vorbereitet fühlen.

Hier sind neun Tipps zur Kindererziehung, die Ihnen helfen können, sich als Elternteil erfüllter zu fühlen.

1. Stärkung des Selbstwertgefühls Ihres Kindes

Kinder beginnen ihr Selbstwertgefühl als Babys zu entwickeln, wenn sie sich selbst durch die Augen ihrer Eltern sehen. Ihr Tonfall, Ihre Körpersprache und jeder Ihrer Ausdrücke werden von Ihren Kindern aufgesogen. Ihre Worte und Handlungen als Elternteil beeinflussen ihr sich entwickelndes Selbstwertgefühl mehr als alles andere.

Das Loben von Leistungen, wie klein sie auch sein mögen, macht sie stolz; Wenn Kinder Dinge selbstständig tun lassen, fühlen sie sich fähig und stark. Im Gegensatz dazu geben herabsetzende Kommentare oder der Vergleich eines Kindes mit einem anderen das Gefühl, wertlos zu sein.

Vermeiden Sie es, belastende Aussagen zu machen oder Worte als Waffen zu benutzen. Kommentare wie "Was für eine Dummheit!" oder "Du benimmst dich eher wie ein Baby als dein kleiner Bruder!" richten genauso Schaden an wie physische Schläge.

Wählen Sie Ihre Worte sorgfältig und seien Sie mitfühlend. Lassen Sie Ihre Kinder wissen, dass jeder Fehler macht und dass Sie sie trotzdem lieben, auch wenn Sie ihr Verhalten nicht mögen.

2. Kinder dabei erwischen, gut zu sein

Haben Sie schon einmal darüber nachgedacht, wie oft Sie an einem bestimmten Tag negativ auf Ihre Kinder reagieren? Vielleicht ertappen Sie sich dabei, dass Sie viel öfter kritisieren als loben. Wie würden Sie sich gegenüber einem Chef fühlen, der Sie mit so viel negativer Führung behandelt, selbst wenn es gut gemeint war?

Effektiver ist es, Kinder dabei zu erwischen, wie sie etwas richtig machen: "Du hast dein Bett gemacht, ohne gefragt zu werden - das ist toll!" oder "Ich habe beobachtet, wie du mit deiner Schwester gespielt hast und du warst sehr geduldig." Diese Aussagen werden auf lange Sicht mehr dazu beitragen, gutes Benehmen zu fördern als wiederholte Schelte.

Achten Sie darauf, jeden Tag etwas zu finden, das Sie loben können. Seien Sie großzügig mit Belohnungen - Ihre Liebe, Umarmungen und Komplimente können Wunder bewirken und sind oft Belohnung genug. Bald werden Sie feststellen, dass Sie mehr von dem Verhalten "wachsen" lassen, das Sie gerne sehen würden.

3. Setzen Sie Grenzen und seien Sie konsequent bei Ihrer Disziplinierung

Disziplin ist in jedem Haushalt notwendig. Das Ziel von Disziplin ist es, Kindern zu helfen, akzeptable Verhaltensweisen zu wählen und Selbstkontrolle zu lernen. Sie können die Grenzen, die Sie ihnen setzen, testen, aber sie brauchen diese Grenzen, um zu verantwortungsvollen Erwachsenen heranzuwachsen.

Das Aufstellen von Hausregeln hilft Kindern, Ihre Erwartungen zu verstehen und Selbstbeherrschung zu entwickeln. Einige Regeln könnten sein: kein Fernsehen, bis die Hausaufgaben erledigt sind, und kein Schlagen, Beschimpfen oder verletzendes Hänseln erlaubt.

Vielleicht möchten Sie ein System einrichten: eine Warnung, gefolgt von Konsequenzen wie einer "Auszeit" oder dem Verlust von Privilegien. Ein häufiger Fehler, den Eltern machen, ist das Versäumnis, die Konsequenzen durchzuziehen. Man kann Kinder nicht an einem Tag für Widerworte bestrafen und es am nächsten Tag ignorieren. Konsequent zu sein lehrt, was Sie erwarten.

4. Nehmen Sie sich Zeit für Ihre Kinder

Für Eltern und Kinder ist es oft schwierig, sich zu einem gemeinsamen Familienessen zu treffen, geschweige denn eine gute Zeit miteinander zu verbringen. Aber es gibt wahrscheinlich nichts, was Kinder mehr mögen würden. Stehen Sie morgens 10 Minuten früher auf, damit Sie mit Ihrem Kind frühstücken können, oder lassen Sie das Geschirr in der Spüle stehen und gehen Sie nach dem Abendessen spazieren. Kinder, die von ihren Eltern nicht die Aufmerksamkeit bekommen, die sie sich wünschen, benehmen sich oft daneben, weil sie sich sicher sind, dass sie auf diese Weise bemerkt werden.

Viele Eltern finden es lohnend, gemeinsame Zeit mit ihren Kindern einzuplanen. Schaffen Sie jede Woche einen "besonderen Abend", um zusammen zu sein, und lassen Sie Ihre Kinder mitentscheiden, wie sie die Zeit verbringen. Suchen Sie nach anderen Möglichkeiten, sich zu verbinden - legen Sie Ihrem Kind eine Notiz oder etwas Besonderes in die Lunchbox.

Jugendliche scheinen weniger ungeteilte Aufmerksamkeit von ihren Eltern zu benötigen als jüngere Kinder. Da es weniger Zeitfenster gibt, in denen Eltern und Teenager zusammenkommen können, sollten Eltern ihr Bestes tun, um verfügbar zu sein, wenn ihr Teenager den Wunsch nach einem Gespräch oder der Teilnahme an Familienaktivitäten äußert. Der Besuch von Konzerten, Spielen und anderen Veranstaltungen mit Ihrem Teenager vermittelt Fürsorge und ermöglicht es Ihnen, Ihr Kind und seine Freunde auf wichtige Weise besser kennen zu lernen.

Fühlen Sie sich nicht schuldig, wenn Sie ein berufstätiges Elternteil sind. Es sind die vielen kleinen Dinge, die Sie tun - Popcorn machen, Karten spielen, Schaufensterbummel -, an die sich die Kinder erinnern werden.

5. Seien Sie ein gutes Vorbild

Kleine Kinder lernen eine Menge darüber, wie sie sich verhalten sollen, indem sie ihre Eltern beobachten. Je jünger sie sind, desto mehr Hinweise nehmen sie von Ihnen auf. Bevor Sie um sich schlagen oder vor Ihrem Kind in die Luft gehen, denken Sie darüber nach: Wollen Sie, dass sich Ihr Kind so verhält, wenn es wütend ist? Seien Sie sich bewusst, dass Sie ständig von Ihren Kindern beobachtet werden.

Studien haben gezeigt, dass Kinder, die schlagen, meist ein Vorbild für Aggression zu Hause haben.

Leben Sie die Eigenschaften vor, die Sie sich von Ihren Kindern wünschen: Respekt, Freundlichkeit, Ehrlichkeit, Toleranz. Legen Sie uneigennütziges Verhalten an den Tag. Tun Sie Dinge für andere Menschen, ohne eine Belohnung zu erwarten. Bedanken Sie sich und machen Sie Komplimente. Behandeln Sie Ihre Kinder vor allem so, wie Sie erwarten, dass andere Menschen Sie behandeln.

6. Machen Sie Kommunikation zu einer Priorität

Sie können nicht erwarten, dass Kinder alles tun, nur weil Sie als Elternteil "es sagen". Sie wollen und verdienen Erklärungen, genauso wie Erwachsene es tun. Wenn wir uns keine Zeit für Erklärungen nehmen, werden Kinder anfangen, sich über unsere Werte und Motive zu wundern und darüber, ob sie eine Grundlage haben. Eltern, die mit ihren Kindern argumentieren, ermöglichen es ihnen, auf eine nicht wertende Weise zu verstehen und zu lernen.

Machen Sie Ihre Erwartungen deutlich. Wenn es ein Problem gibt, beschreiben Sie es, drücken Sie Ihre Gefühle aus und laden Sie Ihr Kind ein, mit Ihnen an einer Lösung zu arbeiten. Achten Sie darauf, dass Sie Konsequenzen einbeziehen. Machen Sie Vorschläge und bieten Sie Wahlmöglichkeiten an. Seien Sie auch für die Vorschläge Ihres Kindes offen. Verhandeln Sie. Kinder, die an Entscheidungen beteiligt sind, sind motivierter, diese auch umzusetzen.

7. Seien Sie flexibel und bereit, Ihren Erziehungsstil anzupassen

Wenn Sie sich oft vom Verhalten Ihres Kindes "enttäuscht" fühlen, haben Sie vielleicht unrealistische Erwartungen. Eltern, die in "sollte" denken (z. B. "Mein Kind **sollte** schon längst aufs Töpfchen gehen"), hilft es vielleicht, sich über das Thema zu informieren oder mit anderen Eltern oder Fachleuten für Kinderentwicklung zu sprechen.

Die Umgebung von Kindern wirkt sich auf ihr Verhalten aus, also können Sie das Verhalten vielleicht ändern, indem Sie die Umgebung ändern. Wenn Sie sich dabei ertappen, dass Sie ständig "Nein" zu Ihrem Zweijährigen sagen, suchen Sie nach Möglichkeiten, Ihre Umgebung so zu verändern, dass weniger Dinge tabu sind. Dies wird für Sie beide weniger Frustration bedeuten.

Wenn sich Ihr Kind verändert, müssen Sie nach und nach auch Ihren Erziehungsstil ändern. Die Chancen stehen gut, dass das, was jetzt mit Ihrem Kind funktioniert, in ein oder zwei Jahren nicht mehr so gut funktioniert.

Teenager neigen dazu, sich weniger an ihren Eltern und mehr an Gleichaltrigen als Vorbilder zu orientieren. Geben Sie aber weiterhin Anleitung, Ermutigung und angemessene Disziplin, während Sie Ihrem Teenager erlauben, mehr Unabhängigkeit zu erlangen. Und nutzen Sie jeden verfügbaren Moment, um eine Verbindung herzustellen!

8. Zeigen Sie, dass Ihre Liebe bedingungslos ist

Als Elternteil sind Sie dafür verantwortlich, Ihre Kinder zu korrigieren und anzuleiten. Aber wie Sie Ihre korrigierende Anleitung ausdrücken, macht den Unterschied aus, wie ein Kind sie aufnimmt.

Wenn Sie Ihr Kind konfrontieren müssen, vermeiden Sie es, es zu tadeln, zu kritisieren oder Schuldzuweisungen zu machen, die das Selbstwertgefühl untergraben und zu Unmut führen können. Versuchen Sie stattdessen, Ihr Kind zu fördern und zu ermutigen, auch wenn Sie es disziplinieren. Stellen Sie sicher, dass Ihr Kind weiß, dass Sie es beim nächsten Mal besser machen wollen und erwarten, dass Ihre Liebe da ist, egal was passiert.

9. Kennen Sie Ihre eigenen Bedürfnisse und Grenzen als Elternteil

Sehen Sie es ein - Sie sind ein unvollkommenes Elternteil. Sie haben Stärken und Schwächen als Familienoberhaupt. Erkennen Sie Ihre Fähigkeiten an - "Ich bin liebevoll und engagiert." Geloben Sie, an Ihren Schwächen zu arbeiten - "Ich muss konsequenter bei der Disziplin sein." Versuchen Sie, realistische Erwartungen an sich selbst, Ihren Ehepartner und Ihre Kinder zu stellen. Sie müssen nicht alle Antworten haben - seien Sie nachsichtig mit sich selbst.

Und versuchen Sie, Elternschaft zu einer überschaubaren Aufgabe zu machen. Konzentrieren Sie sich auf die Bereiche, die die meiste Aufmerksamkeit benötigen, anstatt zu versuchen, alles auf einmal anzugehen. Geben Sie es zu, wenn Sie ausgebrannt sind. Nehmen Sie sich eine Auszeit von der Kindererziehung, um Dinge zu tun, die Sie als Person (oder als Paar) glücklich machen.

Sich auf Ihre Bedürfnisse zu konzentrieren, macht Sie nicht egoistisch. Es bedeutet lediglich, dass Sie sich um Ihr eigenes Wohlbefinden kümmern, was ein weiterer wichtiger Wert ist, den Sie Ihren Kindern vorleben sollten.

Ein Leitfaden für Eltern, um die Teenagerjahre zu überleben

Sie haben das Füttern um 2 Uhr nachts, Wutanfälle von Kleinkindern und den Schulanfangsblues überstanden. Warum also bereitet Ihnen das Wort "Teenager" so viele Sorgen?

Wenn man bedenkt, dass die Teenagerjahre eine Zeit intensiven Wachstums sind, nicht nur körperlich, sondern auch emotional und intellektuell, ist es verständlich, dass dies für viele Familien eine Zeit der Verwirrung und des Umbruchs ist.

Trotz der negativen Wahrnehmung einiger Erwachsener über Teenager sind sie oft energisch, nachdenklich und idealistisch, mit einem tiefen Interesse an dem, was fair und richtig ist. Auch wenn es eine Zeit des Konflikts zwischen Eltern und Kind sein kann, sind die Teenagerjahre auch eine Zeit, in der man Kindern helfen kann, zu den unterschiedlichen Persönlichkeiten heranzuwachsen, die sie werden.

Die Teenagerjahre verstehen

Wann also beginnt die Pubertät? Jeder Mensch ist anders - es gibt Frühaufsteher, Spätzünder, schnelle Entwickler und langsame, aber stetige Winzer. Mit anderen Worten: Es gibt eine große Bandbreite dessen, was als normal angesehen wird.

Aber es ist wichtig, eine (etwas künstliche) Unterscheidung zwischen Pubertät und Adoleszenz zu machen. Die meisten von uns denken bei der Pubertät an die Entwicklung von erwachsenen Geschlechtsmerkmalen: Brüste, Menstruation, Schamhaare und Gesichtsbehaarung. Dies sind sicherlich die sichtbarsten Anzeichen der Pubertät und des bevorstehenden Erwachsenseins, aber Kinder, die körperliche Veränderungen zeigen (im Alter zwischen 8 und 14 Jahren oder so ähnlich), können auch eine Reihe von Veränderungen durchmachen, die von außen nicht so leicht zu sehen sind. Dies sind die Veränderungen der Adoleszenz.

Viele Kinder kündigen den Beginn der Pubertät mit einer dramatischen Veränderung im Verhalten gegenüber ihren Eltern an. Sie beginnen, sich von Mama und Papa zu lösen und werden unabhängiger. Gleichzeitig sind sich Kinder in diesem Alter zunehmend bewusst, wie andere, insbesondere Gleichaltrige, sie sehen und versuchen verzweifelt, sich anzupassen. Ihre Gleichaltrigen werden oft viel wichtiger als die Eltern, wenn es darum geht, Entscheidungen zu treffen.

Kinder fangen oft an, verschiedene Looks und Identitäten "anzuprobieren", und sie werden sich sehr bewusst, wie sie sich von ihren Altersgenossen unterscheiden, was zu Episoden von Verzweiflung und Konflikten mit den Eltern führen kann.

Aneinanderstoßende Köpfe

Eines der gängigen Stereotypen der Adoleszenz ist der rebellische, wilde Teenager, der ständig mit Mama und Papa im Streit liegt. Obwohl dies bei einigen Kindern der Fall sein mag und dies eine Zeit der emotionalen Höhen und Tiefen *ist*, ist dieses Stereotyp sicherlich *nicht* repräsentativ für die meisten Teenager.

Aber das primäre Ziel der Teenagerjahre ist es, Unabhängigkeit zu erreichen. Um dies zu erreichen, müssen Teenager beginnen, sich von ihren Eltern zu lösen - besonders von dem Elternteil, dem sie am nächsten sind. Dies kann sich so anfühlen, als ob die Teenager immer im Streit mit den Eltern liegen oder nicht mehr so wie früher in ihrer Nähe sein wollen.

Wenn Teenager reifer werden, beginnen sie, abstrakter und rationaler zu denken. Sie formen ihren Moralkodex. Und Eltern von Teenagern können feststellen, dass Kinder, die zuvor bereit waren, sich anzupassen, um ihnen zu gefallen, plötzlich beginnen, sich selbst - und ihre Meinung - stark zu behaupten und gegen die elterliche Kontrolle zu rebellieren.

Vielleicht müssen Sie sich genau ansehen, wie viel Raum Sie Ihrem Teenager geben, um ein Individuum zu sein, und sich Fragen stellen wie: "Bin ich ein kontrollierender Elternteil?", "Höre ich meinem Kind zu?" und "Erlaube ich meinem Teenager, dass seine Meinungen und sein Geschmack von meinen eigenen abweichen?"

Tipps für die Erziehung in den Teenagerjahren

Sie suchen nach einem Fahrplan, um Ihren Weg durch diese Jahre zu finden? Hier sind einige Tipps:

Informieren Sie sich selbst

Lesen Sie Bücher über Teenager. Denken Sie an Ihre eigenen Teenagerjahre zurück. Erinnern Sie sich an Ihre Kämpfe mit Akne oder an Ihre Verlegenheit, sich zu früh - oder zu spät - zu entwickeln. Erwarten Sie einige Stimmungsschwankungen bei Ihrem typisch sonnigen Kind, und seien Sie auf mehr Konflikte vorbereitet, wenn es als

Individuum reift. Eltern, die wissen, was auf sie zukommt, können besser damit umgehen. Und je mehr Sie wissen, desto besser können Sie sich vorbereiten.

Früh und oft mit Kindern sprechen

Über Menstruation oder feuchte Träume zu sprechen, wenn sie bereits eingesetzt haben, ist ein zu später Beginn. Beantworten Sie die frühen Fragen, die Kinder über den Körper haben, wie z. B. die Unterschiede zwischen Jungen und Mädchen und woher Babys kommen. Aber überfrachten Sie sie nicht mit Informationen - beantworten Sie nur ihre Fragen. Wenn Sie die Antworten nicht kennen, holen Sie sie sich von jemandem, der sie kennt, z. B. von einem vertrauenswürdigen Freund oder Ihrem Kinderarzt.

Sie kennen Ihre Kinder. Sie können hören, wenn Ihr Kind anfängt, Witze über Sex zu erzählen oder wenn die Aufmerksamkeit auf das persönliche Aussehen zunimmt. Dies ist ein guter Zeitpunkt, um mit eigenen Fragen einzuspringen, wie z. B.:

- Bemerkst du irgendwelche Veranderungen in deinem Körper?
- Hast du irgendwelche seltsamen Gefühle?
- Bist du manchmal traurig und weisst nicht, warum?

Die jährliche ärztliche Untersuchung ist ein guter Zeitpunkt, um darüber zu sprechen. Ein Arzt kann Ihrem Heranwachsenden - und Ihnen - sagen, was in den nächsten Jahren zu erwarten ist. Eine Untersuchung kann der Ausgangspunkt für ein gutes Eltern-Kind-Gespräch sein. Je später Sie mit diesen Gesprächen warten, desto wahrscheinlicher ist es, dass Ihr Kind falsche Vorstellungen hat oder sich für die körperlichen und emotionalen Veränderungen schämt oder Angst davor hat.

Und je früher Sie die Kommunikationslinien öffnen, desto besser sind Ihre Chancen, sie während der Teenagerjahre offen zu halten. Geben Sie Ihrem Kind Bücher über die Pubertät, die für Kinder geschrieben wurden, die sie durchmachen. Teilen Sie Erinnerungen an Ihre eigene Pubertät. Es gibt nichts Besseres, als zu wissen, dass Mama oder Papa das auch durchgemacht haben, um die Kinder zu beruhigen.

Versetzen Sie sich in die Lage Ihres Kindes

Üben Sie sich in Einfühlungsvermögen, indem Sie Ihrem Kind helfen zu verstehen, dass es normal ist, ein wenig besorgt oder verunsichert zu sein, und dass es in Ordnung ist, sich in einer Minute erwachsen und in der nächsten wie ein Kind zu fühlen.

Wählen Sie Ihre Schlachten

Wenn Teenager ihre Haare färben, ihre Fingernägel schwarz lackieren oder ausgefallene Kleidung tragen wollen, überlegen Sie zweimal, bevor Sie Einwände erheben. Teenager wollen ihre Eltern schockieren und es ist viel besser, sie etwas Vorübergehendes und Harmloses tun zu lassen.

Sparen Sie sich Ihre Einwände für Dinge, die wirklich wichtig sind, wie Tabak, Drogen und Alkohol oder dauerhafte Veränderungen des Aussehens.

Fragen Sie, warum Ihr Teenager sich auf eine bestimmte Weise kleiden oder aussehen möchte, und versuchen Sie zu verstehen, wie sich Ihr Teenager fühlt. Vielleicht möchten Sie auch besprechen, wie andere sie wahrnehmen könnten, wenn sie anders aussehen - helfen Sie Ihrem Teenager zu verstehen, wie er oder sie angesehen werden könnte.

Legen Sie Erwartungen fest

Teenager sind vielleicht unglücklich über die Erwartungen, die ihre Eltern an sie stellen. Dennoch verstehen sie in der Regel und müssen wissen, dass ihre Eltern sich genug um sie kümmern, um bestimmte Dinge wie gute Noten, akzeptables Verhalten und das Einhalten der Hausregeln zu erwarten. Wenn Eltern angemessene

Erwartungen haben, werden Teenager wahrscheinlich versuchen, sie zu erfüllen. Ohne angemessene Erwartungen könnte Ihr Teenager das Gefühl haben, dass Sie sich nicht um ihn oder sie kümmern.

Informieren Sie Ihren Teenager - und bleiben Sie selbst auf dem Laufenden

Die Teenagerjahre sind oft eine Zeit des Experimentierens, und manchmal beinhaltet dieses Experimentieren riskante Verhaltensweisen. Vermeiden Sie die Themen Sex und Drogen-, Alkohol- oder Tabakkonsum nicht. Wenn Sie mit Ihren Kindern offen über schwierige Themen sprechen, **bevor** sie damit konfrontiert werden, ist es wahrscheinlicher, dass sie verantwortungsvoll handeln, wenn es soweit ist. Teilen Sie Ihrem Teenager Ihre Familienwerte mit und sprechen Sie darüber, was Sie für richtig und falsch halten und warum.

Kennen Sie die Freunde Ihres Kindes - und kennen Sie die Eltern der Freunde. Regelmäßige Kommunikation zwischen den Eltern kann viel dazu beitragen, eine sichere Umgebung für alle Teenager in einer Peer-Gruppe zu schaffen. Die Eltern können sich gegenseitig helfen, die Aktivitäten der Kinder im Auge zu behalten, ohne den Kindern das Gefühl zu geben, dass sie beobachtet werden.

Kennen Sie die Warnzeichen

Ein gewisses Maß an Veränderung ist während der Teenagerjahre normal. Aber eine zu drastische oder lang anhaltende Veränderung der Persönlichkeit oder des Verhaltens kann ein Zeichen für echte Probleme sein - die Art, die professionelle Hilfe benötigt. Achten Sie auf diese Warnzeichen:

- extreme Gewichtszunahme oder -abnahme
- Schlafprobleme
- schnelle, drastische Veränderungen der Persönlichkeit
- plötzlicher Wechsel der Freunde
- oft die Schule schwänzen
- fallende Noten
- Gespräche oder gar Witze über Selbstmord
- Anzeichen von Tabak-, Alkohol- oder Drogenkonsum
- Zusammenstöße mit dem Gesetz

Jedes andere unangemessene Verhalten, das länger als 6 Wochen anhält, kann auch ein Zeichen für ein zugrunde liegendes Problem sein. Sie können während dieser Zeit ein oder zwei Störungen im Verhalten oder in den Noten Ihres Teenagers erwarten, aber Ihr 1er-2er-Schüler sollte nicht plötzlich durchfallen, und Ihr normalerweise kontaktfreudiges Kind sollte nicht plötzlich ständig zurückgezogen sein. Ihr Arzt oder ein örtlicher Berater, Psychologe oder Psychiater kann Ihnen helfen, die richtige Beratung zu finden.

Respektieren Sie die Privatsphäre der Kinder

Manche Eltern tun sich verständlicherweise sehr schwer damit. Sie haben vielleicht das Gefühl, dass alles, was ihre Kinder tun, ihre Sache ist. Aber um Ihrem Teenager zu helfen, ein junger Erwachsener zu werden, müssen Sie ihm etwas Privatsphäre zugestehen. Wenn Sie Warnzeichen für Probleme bemerken, dann können Sie in die Privatsphäre Ihres Kindes eindringen, bis Sie dem Problem auf den Grund gehen. Aber ansonsten ist es eine gute Idee, sich zurückzuhalten.

Mit anderen Worten: Das Zimmer Ihres Teenagers, seine Texte, E-Mails und Telefonate sollten privat sein. Sie sollten auch nicht erwarten, dass Ihr Teenager jederzeit alle Gedanken oder Aktivitäten mit Ihnen teilt. Natürlich sollten Sie aus Sicherheitsgründen immer wissen, wohin Ihr Teenager geht, wann er zurückkommt, was er tut und mit wem, aber Sie müssen nicht jedes Detail wissen. Und Sie sollten auf keinen Fall erwarten, dass Sie mit eingeladen werden!

Beginnen Sie mit Vertrauen. Sagen Sie Ihrem Teenager, dass Sie ihm vertrauen, aber wenn das Vertrauen gebrochen wird, wird er weniger Freiheiten genießen, bis es wiederhergestellt ist.

Überwachen, was Kinder sehen und lesen

Fernsehsendungen, Zeitschriften und Bücher, das Internet - Kinder haben Zugang zu Tonnen von Informationen. Achten Sie darauf, was Ihre sehen und lesen. Scheuen Sie sich nicht, die Zeit, die sie vor dem Computer oder dem Fernseher verbringen, einzuschränken. Wissen Sie, was sie aus den Medien lernen und mit wem sie online kommunizieren.

Jugendliche sollten keinen unbegrenzten Zugang zu Fernsehen oder Internet im Privaten haben - dies sollten öffentliche Aktivitäten sein. Der Zugang zur Technologie sollte auch nach bestimmten Stunden (z. B. um 22 Uhr oder so) eingeschränkt werden, um ausreichenden Schlaf zu fördern. Es ist nicht unvernünftig, Handys und Computer nach einer bestimmten Zeit nicht mehr zu benutzen.

Angemessene Regeln aufstellen

Die Schlafenszeit für einen Teenager sollte altersgerecht sein, genauso wie sie es war, als Ihr Kind ein Baby war. Teenager brauchen immer noch etwa 8-9Stunden Schlaf.

Ermutigen Sie Ihren Teenager, sich an einen Schlafplan zu halten, der diese Bedürfnisse erfüllt.

Belohnen Sie Ihren Teenager dafür, dass er vertrauenswürdig ist. Hält er oder sie sich an die 22-Uhr-Sperrstunde am Wochenende? Verlegen Sie sie auf 22:30 Uhr. Und muss ein Teenager bei Familienausflügen immer mitkommen? Ermutigen Sie zu einem vernünftigen Maß an gemeinsamer Familienzeit, aber seien Sie flexibel. Seien Sie nicht beleidigt, wenn Ihr heranwachsendes Kind nicht immer mit Ihnen zusammen sein will. Denken Sie zurück: Wahrscheinlich haben Sie sich bei *Ihrer* Mutter und Ihrem Vater genauso gefühlt.

Wird das jemals vorbei sein?

Wenn Kinder die Teenagerjahre durchlaufen, werden Sie eine Verlangsamung der Höhen und Tiefen der Adoleszenz feststellen. Und schließlich werden sie zu unabhängigen, verantwortungsvollen, kommunikativen jungen Erwachsenen.

Denken Sie also an das Motto vieler Eltern mit Teenagern: Sie machen das gemeinsam durch, und Sie kommen da auch wieder raus - gemeinsam!

Das Selbstwertgefühl Ihres Kindes

Manchmal ist es leicht zu bemerken, wenn Kinder sich scheinbar gut fühlen - und wenn sie es nicht tun. Wir beschreiben diese Idee, sich gut zu fühlen, oft als "Selbstwertgefühl".

Kinder mit Selbstwertgefühl:

- sich gemocht und akzeptiert fühlen
- zuversichtlich sein
- stolz auf das sein, was sie tun können
- denken gute Dinge über sich selbst
- an sich selbst glauben

Kinder mit geringem Selbstwertgefühl:

- sind selbstkritisch und hart zu sich selbst
- das Gefühl haben, nicht so gut zu sein wie andere Kinder
- eher an die Zeiten denken, in denen sie versagen, als an die, in denen sie erfolgreich sind
- mangelndes Vertrauen

- bezweifeln, dass sie Dinge gut machen können

Warum Selbstwertgefühl wichtig ist

Kinder, die sich gut fühlen, haben das Selbstvertrauen, neue Dinge auszuprobieren. Sie sind eher bereit, ihr Bestes zu geben. Sie sind stolz auf das, was sie tun können. Das Selbstwertgefühl hilft Kindern, mit Fehlern umzugehen. Es hilft Kindern, es noch einmal zu versuchen, auch wenn sie zuerst versagen. Das Selbstwertgefühl hilft Kindern, in der Schule, zu Hause und bei Freunden besser abzuschneiden.

Kinder mit geringem Selbstwertgefühl fühlen sich unsicher. Wenn sie denken, dass andere sie nicht akzeptieren, machen sie vielleicht nicht mit. Sie lassen sich vielleicht von anderen schlecht behandeln. Es kann ihnen schwer fallen, für sich selbst einzustehen. Sie geben vielleicht leicht auf oder versuchen es gar nicht erst. Kinder mit geringem Selbstwertgefühl können nur schwer damit umgehen, wenn sie einen Fehler machen, verlieren oder versagen. Infolgedessen können sie nicht so gut abschneiden, wie sie könnten.

Wie sich das Selbstwertgefühl entwickelt

Das Selbstwertgefühl kann schon im Babyalter beginnen. Es entwickelt sich langsam im Laufe der Zeit. Es kann damit beginnen, dass sich ein Kind sicher, geliebt und akzeptiert fühlt. Es kann beginnen, wenn ein Baby positive Aufmerksamkeit und liebevolle Zuwendung bekommt.

Wenn aus Babys Kleinkinder und junge Kinder werden, sind sie in der Lage, einige Dinge ganz alleine zu tun. Sie fühlen sich gut, wenn sie ihre neuen Fähigkeiten anwenden können. Ihr Selbstwertgefühl wächst, wenn die Eltern zuhören, das Kind ausprobieren lassen, es anlächeln und zeigen, dass sie stolz sind.

Wenn Kinder wachsen, kann auch ihr Selbstwertgefühl wachsen. Jedes Mal, wenn Kinder etwas ausprobieren, etwas tun und etwas lernen, kann das Selbstwertgefühl wachsen. Dies kann passieren, wenn Kinder:

- einem Ziel näher kommen
- Dinge in der Schule lernen
- Freunde finden und sich vertragen
- Fähigkeiten erlernen - Musik, Sport, Kunst, Kochen, technische Fähigkeiten
- Lieblingsaktivitäten üben

- helfen, geben, oder freundlich sein
- Lob für gute Verhaltensweisen erhalten
- sich anstrengen
- Dinge tun, in denen sie gut sind und die ihnen Spaß machen
- von anderen aufgenommen werden
- sich verstanden und akzeptiert fühlen
- einen Preis oder eine gute Note erhalten, von der sie wissen, dass sie sie verdient haben

Wenn Kinder Selbstwertgefühl haben, fühlen sie sich selbstbewusst, fähig und so akzeptiert, wie sie sind.

Wie Eltern Selbstwertgefühl aufbauen können

Jedes Kind ist anders. Manchen Kindern fällt das Selbstwertgefühl leichter als anderen. Und manche Kinder sind mit Dingen konfrontiert, die ihr Selbstwertgefühl senken können. Aber selbst wenn das Selbstwertgefühl eines Kindes niedrig ist, kann es gesteigert werden.

Hier sind Dinge, die Eltern tun können, um Kindern zu helfen, sich selbst gut zu fühlen:

Helfen Sie Ihrem Kind, Dinge zu lernen. In jedem Alter gibt es für Kinder neue Dinge zu lernen. Schon im

Säuglingsalter weckt das Erlernen des Haltens einer Tasse oder des ersten Schrittes ein Gefühl der Meisterschaft und Freude. Wenn Ihr Kind wächst, können Dinge wie das Anziehen, Lesen oder Radfahren lernen, das Selbstwertgefühl zu steigern.

Wenn Sie Kindern beibringen, wie man Dinge tut, zeigen Sie ihnen zuerst und helfen Sie ihnen. Lassen Sie sie dann tun, was sie können, auch wenn sie Fehler machen. Stellen Sie sicher, dass Ihr Kind eine Chance bekommt, zu lernen, es auszuprobieren und stolz zu sein. Machen Sie neue Herausforderungen nicht zu leicht - oder zu schwer.

Loben Sie Ihr Kind, aber tun Sie es mit Bedacht. Natürlich ist es gut, Kinder zu loben. Ihr Lob ist eine Möglichkeit zu zeigen, dass Sie stolz sind. Aber manche Arten, Kinder zu loben, können auch nach hinten losgehen.

Hier ist, wie man es richtig macht:

- **Loben Sie nicht zu viel.** Lob, das sich nicht verdient anfühlt, klingt nicht wahr. Einem Kind zum Beispiel zu sagen, dass es ein tolles Spiel gespielt hat, obwohl es weiß, dass es das nicht getan hat, wirkt hohl und unecht. Es ist besser zu sagen: "Ich weiß, dass das nicht dein bestes Spiel war, aber wir haben alle mal einen schlechten Tag. Ich bin stolz auf dich, dass du nicht aufgegeben hast." Fügen Sie ein

Vertrauensvotum hinzu: "Morgen bist du wieder voll da."

- **Loben Sie Anstrengung.** Vermeiden Sie es, Lob nur auf Ergebnisse (z. B. eine Eins zu bekommen) oder festgelegte Eigenschaften (z. B. klug oder sportlich zu sein) zu konzentrieren.

  Loben Sie stattdessen vor allem die Anstrengung, den Fortschritt und die Einstellung. Zum Beispiel: "Du arbeitest hart an diesem Projekt", "Du wirst immer besser bei diesen Rechtschreibtests" oder "Ich bin stolz auf dich, dass du Klavier übst - du bist wirklich dabei geblieben." Mit dieser Art von Lob geben sich Kinder Mühe, arbeiten auf Ziele hin und bemühen sich. Wenn Kinder das tun, ist die Wahrscheinlichkeit größer, dass sie erfolgreich sind.

Seien Sie ein gutes Vorbild. Wenn Sie sich bei alltäglichen Aufgaben Mühe geben (z. B. Laub harken, eine Mahlzeit zubereiten, das Geschirr aufräumen oder das Auto waschen), gehen Sie mit gutem Beispiel voran. Ihr Kind lernt, sich zu bemühen, um Hausaufgaben zu machen, Spielzeug aufzuräumen oder das Bett zu machen.

Auch das Vorleben der richtigen Einstellung zählt. Wenn Sie Aufgaben fröhlich erledigen (oder zumindest ohne Murren oder Klagen), lehren Sie Ihr Kind, das Gleiche zu tun.

Wenn Sie es vermeiden, durch die Aufgaben zu hetzen und stolz auf eine gut gemachte Arbeit sind, lehren Sie Ihr Kind, das auch zu tun.

Verbieten Sie harsche Kritik. Die Botschaften, die Kinder von anderen über sich selbst hören, übertragen sich leicht darauf, was sie über sich selbst denken. Harte Worte ("Du bist so faul!") sind schädlich, nicht motivierend. Wenn Kinder negative Botschaften über sich selbst hören, schadet das ihrem Selbstwertgefühl. Korrigieren Sie Kinder mit Geduld. Konzentrieren Sie sich darauf, was sie beim nächsten Mal tun sollen. Wenn nötig, zeigen Sie ihnen, wie es geht.

Konzentrieren Sie sich auf die Stärken. Achten Sie darauf, was Ihr Kind gut kann und was ihm Spaß macht. Stellen Sie sicher, dass Ihr Kind die Möglichkeit hat, diese Stärken zu entwickeln. Konzentrieren Sie sich mehr auf Stärken als auf Schwächen, wenn Sie Kindern helfen wollen, sich selbst gut zu fühlen. Dies verbessert auch das Verhalten.

Lassen Sie Kinder helfen und geben. Das Selbstwertgefühl wächst, wenn Kinder sehen, dass das, was sie tun, für andere wichtig ist. Kinder können zu Hause helfen, ein Hilfsprojekt in der Schule durchführen oder einem Geschwisterkind einen Gefallen tun. Helfen und freundliche Handlungen stärken das Selbstwertgefühl und andere gute Gefühle.

Fördern Sie den Sinn für Humor Ihres Kindes

Ein Sinn für Humor kann das Familienleben aufhellen. Sie können einem Baby auf den Bauch prusten, einem Dreijährigen einen albernen Hut aufsetzen und ihn jagen oder so tun, als ob Sie in einen Laubhaufen fallen, um einen Erstklässler zu amüsieren. Wenn die Kinder zu Teenagern heranwachsen, können Sie Wortspiele und Witze mit ihnen teilen, da ihr Sinn für das, was lustig ist, immer ausgefeilter wird.

Gemeinsames Lachen ist ein Weg, sich zu verbinden, und ein guter Sinn für Humor kann Kinder auch klüger, gesünder und besser in der Lage machen, mit Herausforderungen umzugehen.

Wir neigen dazu, Humor als Teil unserer genetischen Veranlagung zu betrachten, so wie blaue Augen oder große Füße. Aber der Sinn für Humor ist tatsächlich eine erlernte Eigenschaft, die bei Kindern entwickelt werden kann, nicht etwas, mit dem sie geboren werden.

Was ist überhaupt so lustig?

Humor ist das, was etwas lustig macht; ein Sinn für Humor ist die Fähigkeit, ihn zu erkennen. Jemand mit einem gut entwickelten Sinn für Humor hat die Fähigkeit, zu erkennen, was bei anderen lustig ist und kann sie auch amüsieren.

Ein guter Sinn für Humor ist ein Werkzeug, auf das sich Kinder das ganze Leben lang verlassen können und das ihnen hilft:

- die Dinge aus vielen anderen Perspektiven sehen als der offensichtlichsten
- spontan sein
- unkonventionelle Ideen oder Denkweisen aufgreifen
- hinter die Oberfläche der Dinge sehen
- die spielerischen Aspekte des Lebens genießen und daran teilnehmen
- sich selbst nicht zu ernst nehmen

Kinder mit einem gut entwickelten Sinn für Humor sind glücklicher und optimistischer, haben ein höheres Selbstwertgefühl und können gut mit Unterschieden (ihren eigenen und denen der anderen) umgehen. Kinder, die Humor schätzen und teilen können, sind bei Gleichaltrigen beliebter und können besser mit den Widrigkeiten der Kindheit umgehen - vom Umzug in eine neue Stadt über Hänseleien bis hin zu Quälereien durch Spielplatztyrannen.

Und ein guter Sinn für Humor hilft Kindern nicht nur emotional oder sozial. Die Forschung hat gezeigt, dass Menschen, die mehr lachen, gesünder sind - sie sind seltener depressiv und haben sogar eine erhöhte Widerstandskraft gegen Krankheiten oder körperliche Probleme. Sie erleben weniger Stress, haben eine niedrigere Herzfrequenz, einen niedrigeren Puls und Blutdruck und eine bessere Verdauung. Lachen kann Menschen sogar helfen, Schmerzen besser zu ertragen, und Studien haben gezeigt, dass es unsere Immunfunktion verbessert.

Aber vor allem ist es der Sinn für Humor, der das Leben lustig macht. Es gibt nur wenige Vergnügungen, die es mit den Kindern aufnehmen können.

Unterschiedliche Altersgruppen - unterschiedlicher Humor

Kinder können schon in sehr jungen Jahren einen Sinn für Humor entwickeln. Aber was für ein Kleinkind lustig ist, wird für einen Teenager nicht lustig sein. Um Ihren Kindern in jeder Entwicklungsphase zu helfen, ist es wichtig zu wissen, was sie wahrscheinlich amüsieren wird.

Babys

Babys verstehen Humor nicht wirklich, aber sie wissen, wenn Sie lächeln und glücklich sind. Wenn Sie lustige Geräusche oder Grimassen machen und dann lachen oder lächeln, wird Ihr Baby wahrscheinlich Ihre Freude spüren und Sie nachahmen. Es ist auch sehr empfänglich für körperliche Reize, wie Kitzeln.

Irgendwann zwischen 9 und 15 Monaten wissen Babys genug über die Welt, um zu verstehen, dass Mama etwas Unerwartetes tut, wenn sie sich eine Windel über den Kopf zieht oder wie eine Ente quakt - und dass das lustig ist.

Kleinkinder

Kleinkinder schätzen körperlichen Humor, vor allem solchen mit einem Überraschungsmoment (wie Guck-Guck oder ein unerwartetes Kitzeln). Wenn Kinder ihre sprachlichen Fähigkeiten entwickeln, finden sie Reime und Nonsens-Wörter lustig - und das wird bis ins Vorschulalter so bleiben.

Und um diese Zeit herum fangen viele Kinder an zu versuchen, ihre Eltern zum Lachen zu bringen. Ihr Kind zeigt vielleicht absichtlich auf das falsche Gesichtsmerkmal, wenn es gefragt wird "Wo ist deine Nase?", oder es zieht sich die Schuhe an und trampelt durch das Haus.

Vorschulkinder

Ein Vorschulkind findet eher Humor in einem Bild mit etwas Ungereimtem (ein Auto mit eckigen Rädern, ein Schwein mit Sonnenbrille) als in einem Witz oder Wortspiel. Auch Unstimmigkeiten zwischen Bildern und Geräuschen (ein Pferd, das "Muh" sagt) sind für diese Altersgruppe lustig. Und da sie sich der Körperfunktionen immer bewusster werden und wissen, was die Eltern auf die Palme bringt, beginnen Vorschulkinder oft, sich an Toilettenhumor zu erfreuen.

Kinder im Schulalter

Wenn Kinder in den Kindergarten und darüber hinauskommen, werden einfache Wortspiele, Übertreibungen und Slapstick immer lustiger. Sie entdecken vielleicht das Vergnügen, einfache Witze zu erzählen (es macht Spaß, derjenige zu sein, der die Pointe kennt!) und werden immer wieder die gleichen Witze wiederholen.

Ältere Grundschüler haben ein besseres Verständnis für die Bedeutung von Wörtern und sind in der Lage, mit ihnen zu spielen - sie mögen Wortspiele, Rätsel und andere Formen von Wortspielen. Sie fangen auch an, sich über jede Abweichung von dem, was sie als "normale" Verhaltens- oder Kleidungsformen wahrnehmen, lustig zu machen, und Ekelwitze über Körperfunktionen sind ebenfalls ein Hit.

Aber Kinder in diesem Alter entwickeln auch ein subtileres Verständnis von Humor, einschließlich der Fähigkeit, Witz oder Sarkasmus zu verwenden und mit widrigen Situationen mit Humor umzugehen.

Humor-Grundlagen

Es ist nie zu früh, um damit zu beginnen, den Sinn für Humor eines Kindes zu entwickeln. Das Lächeln und Lachen von Babys ist so entzückend, dass wir dies oft intuitiv tun - lächeln, pusten oder kitzeln sie viele Male am Tag, nur um ein Glucksen zu hören.

Es ist wichtig, diese Ermutigung beizubehalten, wenn die Kinder wachsen. Wenn Sie spielerisch und humorvoll mit Ihrem Kind umgehen, sich an Albernheiten und Lachen erfreuen, helfen Sie ihm, eine spielerische und humorvolle Einstellung zum Leben zu entwickeln.

Eine der besten Möglichkeiten, dies von den Kleinkindjahren an zu tun, ist, jeden Tag Zeit damit zu verbringen, für die vielen Gelegenheiten, die Ihr Kind Ihnen gibt, um zu lächeln oder zu lachen, empfänglich zu sein. Seien Sie spontan, spielerisch und achten Sie darauf, was Ihr Kind in verschiedenen Altersstufen lustig findet. Seien Sie auch verspielt genug, um zu lachen, damit die Witze nicht flach fallen.

Was können Sie noch tun, um den Sinn für Humor Ihres Kindes zu fördern?

Seien Sie ein Humor-Vorbild. Eines der besten Dinge, die Sie tun können, um den Sinn für Humor Ihres Kindes zu entwickeln, ist, Ihren eigenen einzusetzen. Machen Sie Witze. Erzählen Sie lustige Geschichten. Lachen Sie laut. Gehen Sie leichtfertig mit kleinen Katastrophen wie verschütteter Milch um.

Nehmen Sie den Humor der Kinder ernst. Ermutigen Sie die Humorversuche Ihres Kindes, ob es nun (möglicherweise unlustige) Witze aus einem Buch vorliest oder "lustige" Bilder vom Familienhund malt. Loben Sie Ihr Kind dafür, dass es versucht, lustig zu sein, und lassen Sie sich überraschen - das erste Mal, dass Ihr Kind Sie zum Lachen bringt, ist eine der großen Freuden des Lebens.

Bringen Sie Kindern bei, dass Erwachsene lustig sind - und dass sie es auch sein können. Machen Sie Humor zu einem Teil Ihrer täglichen Interaktionen mit Ihren Kindern und ermutigen Sie sie, witzige Beobachtungen oder Reaktionen mitzuteilen, auch wenn Sie mit anderen Erwachsenen zusammen sind.

Schaffen Sie eine Umgebung, die reich an Humor ist. Umgeben Sie Ihre Kinder mit lustigen Büchern - für

Kleinkinder und Vorschulkinder gehören dazu Bilderbücher oder Nonsens-Reime; ältere Kinder werden Witzbücher und Comics lieben. Schauen Sie sich auch lustige Fernsehsendungen, Filme und Websites für alle Altersgruppen an - helfen Sie Ihrem Kind, eine gute Auswahl zu treffen und diese dann auch zu genießen.

Wo die Grenze zu ziehen ist

Sie wollen ihnen nicht in die Suppe spucken, aber Kinder brauchen Grenzen, wenn es um Humor geht, genau wie in anderen Bereichen auch. Seien Sie ein gutes Vorbild und vermeiden Sie es, Humor auf diese Weise zu verwenden. Wenn jemand einen verletzenden oder unangemessenen Witz erzählt, lachen Sie nicht. Nehmen Sie sich die Zeit, Ihrem Kind zu erklären, warum der Witz nicht lustig ist.

Vielleicht möchten Sie auch sanft von Toilettenhumor abraten oder zumindest nicht zu herzlich daran teilnehmen. Es wird zwar niemanden verletzen, aber die Kinder haben vielleicht Schwierigkeiten zu entscheiden, wann es in Ordnung ist, einen solchen Witz zu machen (zu Hause, in der Familie) und wann nicht (im Klassenzimmer, in der Kirche).

Die Familie, die zusammen lacht...

Humor ist vor allem sozial. Deshalb lachen Sie bei einem lustigen Film mehr, wenn Sie ihn im Kino mit anderen lachenden Menschen um sich herum sehen, als ganz allein auf Ihrer Couch.

Ein wichtiger Aspekt bei der Entwicklung des Humors Ihres Kindes ist, dass Sie sich Zeit nehmen, um als Familie Spaß zu haben. Tauschen Sie Witze aus, spielen Sie Spiele und schauen Sie gemeinsam lustige Filme.

Vielleicht übernehmen Sie sogar Ihre eigenen ausgefallenen Familientraditionen, sei es das Aufhängen von Löffeln an der Nase oder das Tragen passender Pyjamas. Es wird jetzt lustig sein - und vielleicht sogar noch lustiger in den kommenden Jahren, wenn Sie und Ihre Kinder sich an diese albernen Familienzeiten erinnern.

Ihr Kind disziplinieren

Unabhängig vom Alter Ihres Kindes ist es wichtig, konsequent zu sein, wenn es um Disziplin geht. Wenn Eltern sich nicht an die Regeln und Konsequenzen halten, die sie aufgestellt haben, werden es ihre Kinder wahrscheinlich auch nicht tun.

Hier sind einige Ideen, wie Sie Ihren Ansatz zur Disziplinierung so variieren können, dass er am besten zu Ihrer Familie passt.

Alter 0 bis 2 Jahre

Säuglinge und Kleinkinder sind von Natur aus neugierig. Daher ist es ratsam, Verlockungen und Tabus zu beseitigen - Gegenstände wie Fernseher und Videogeräte, Stereoanlagen, Schmuck und vor allem Reinigungsmittel und Medikamente sollten außerhalb der Reichweite aufbewahrt werden.

Wenn Ihr krabbelndes Baby oder umherstreifendes Kleinkind auf ein inakzeptables oder gefährliches Spielobjekt zusteuert, sagen Sie ruhig "Nein" und entfernen Sie Ihr Kind entweder aus dem Bereich oder lenken Sie es mit einer geeigneten Aktivität ab.

Auszeiten können eine effektive Disziplinierung für Kleinkinder sein. Einem Kind, das z. B. geschlagen, gebissen oder mit Essen geworfen hat, sollte gesagt werden, warum das Verhalten inakzeptabel ist, und es sollte für ein oder zwei Minuten in einen bestimmten Auszeitbereich gebracht werden - einen Küchenstuhl oder eine untere Treppe - um sich zu beruhigen (längere Auszeiten sind bei Kleinkindern nicht effektiv).

Es ist wichtig, ein Kind, egal welchen Alters, nicht zu versohlen, zu schlagen oder zu ohrfeigen. Vor allem Babys und Kleinkinder sind nicht in der Lage, einen Zusammenhang zwischen ihrem Verhalten und der körperlichen Bestrafung herzustellen. Sie werden nur den Schmerz des Schlags spüren.

Und vergessen Sie nicht, dass Kinder lernen, indem sie Erwachsene beobachten, insbesondere ihre Eltern. Achten Sie darauf, dass Ihr Verhalten Vorbildcharakter hat. Sie machen einen viel stärkeren Eindruck, wenn Sie Ihre eigenen Sachen wegräumen, anstatt Ihrem Kind zu befehlen, die Spielsachen aufzusammeln, während Ihre Sachen verstreut herumliegen.

Alter 3 bis 5 Jahre

Wenn Ihr Kind heranwächst und beginnt, den Zusammenhang zwischen Handlungen und Konsequenzen zu verstehen, stellen Sie sicher, dass Sie beginnen, die Regeln für das Zuhause Ihrer Familie zu vermitteln.

Erklären Sie den Kindern, was Sie von ihnen erwarten, **bevor** Sie sie für ein Verhalten bestrafen. Wenn Ihr Dreijähriger zum ersten Mal mit Buntstiften die Wohnzimmerwand verziert, besprechen Sie, warum das nicht erlaubt ist und was passiert, wenn Ihr Kind es wieder tut (z. B. muss Ihr Kind beim Aufräumen helfen und darf den Rest des Tages keine Buntstifte mehr benutzen). Wenn die Wand ein paar Tage später wieder dekoriert wird, erinnern Sie Ihr Kind daran, dass Buntstifte nur für Papier gedacht sind und setzen Sie die Konsequenzen durch.

Je früher die Eltern diese Art von "Ich stelle die Regeln auf und von dir wird erwartet, dass du zuhörst oder die Konsequenzen akzeptierst" Standard etablieren, desto besser für alle. Obwohl es für Eltern manchmal einfacher ist, gelegentliches schlechtes Verhalten zu ignorieren oder eine angedrohte Strafe nicht durchzuziehen, schafft dies einen schlechten Präzedenzfall. Leere Drohungen untergraben Ihre Autorität als Elternteil und machen es wahrscheinlicher, dass Kinder ihre Grenzen austesten. Konsequenz ist der Schlüssel zu effektiver Disziplin, und es ist wichtig, dass die Eltern (gemeinsam, wenn Sie nicht alleinerziehend sind) entscheiden, was die Regeln sind, und diese dann auch einhalten.

Während Sie sich darüber klar werden, welche Verhaltensweisen bestraft werden, vergessen Sie nicht, gute Verhaltensweisen zu belohnen. Unterschätzen Sie nicht die positive Wirkung, die Ihr Lob haben kann - bei Disziplin geht es nicht nur um Bestrafung, sondern auch um die Anerkennung von gutem Verhalten. Wenn Sie zum Beispiel sagen: "Ich bin stolz auf dich, dass du dein Spielzeug in der Spielgruppe geteilt hast", ist das in der Regel effektiver, als ein Kind zu bestrafen, das nicht geteilt hat. Und seien Sie konkret, wenn Sie loben, anstatt nur zu sagen: "Gut gemacht!" Sie wollen deutlich machen, welche Verhaltensweisen Ihnen gefallen haben. Das macht es wahrscheinlicher, dass sie in der Zukunft passieren - je mehr Aufmerksamkeit wir einem Verhalten schenken, desto wahrscheinlicher ist es, dass es fortgesetzt wird.

Wenn Ihr Kind ein inakzeptables Verhalten fortsetzt, egal was Sie tun, versuchen Sie, eine Tabelle mit einem Kästchen für jeden Tag der Woche zu erstellen. Legen Sie fest, wie oft sich Ihr Kind falsch verhalten darf, bevor eine Bestrafung einsetzt, oder wie lange das richtige Verhalten zu sehen sein muss, bevor es belohnt wird. Hängen Sie die Tabelle an den Kühlschrank und notieren Sie dann jeden Tag die guten und inakzeptablen Verhaltensweisen. So hat Ihr Kind (und Sie) einen konkreten Blick darauf, wie es läuft. Sobald dies zu funktionieren beginnt, loben Sie Ihr Kind dafür, dass es gelernt hat, sein zu kontrollieren Fehlverhalten, und vor allem dafür, dass es jedes hartnäckige Problem überwunden hat.

Auszeiten können auch für Kinder in diesem Alter gut funktionieren. Wählen Sie einen geeigneten Platz für die Auszeit, z. B. einen Stuhl oder eine untere Stufe, der frei von Ablenkungen ist. Denken Sie daran, dass es nicht effektiv ist, in Ihr Zimmer geschickt zu werden, wenn sich dort ein Computer, ein Fernseher oder Spiele befinden. Außerdem ist eine Auszeit eine Zeit ohne jegliche Art von Verstärkung. Ihr Kind sollte also während einer Auszeit keine Aufmerksamkeit von Ihnen erhalten - einschließlich Sprechen, Blickkontakt usw.

Überlegen Sie, welche Zeitdauer für Ihr Kind am besten geeignet ist. Experten sagen, dass 1 Minute für jedes Lebensjahr eine gute Faustregel ist; andere empfehlen, die Auszeit so lange zu nutzen, bis das Kind sich beruhigt hat (um die Selbstregulierung zu trainieren). Stellen Sie sicher, dass Sie, wenn eine Auszeit erfolgt, weil Ihr Kind Anweisungen nicht befolgt hat, die Anweisung nach der Auszeit auch durchziehen.

Es ist wichtig, Kindern zu sagen, was das Richtige ist, und nicht nur zu sagen, was das Falsche ist. Anstatt z. B. zu sagen: "Spring nicht auf die Couch", versuchen Sie: "Bitte setz dich auf die Möbel und stell deine Füße auf den Boden."

Achten Sie darauf, dass Sie klare, direkte Befehle geben. Anstatt "Kannst du bitte deine Schuhe anziehen?" sagen Sie "Bitte zieh deine Schuhe an." Dies lässt keinen Raum für Verwirrung und impliziert nicht, dass das Befolgen von Anweisungen eine Wahl ist.

Alter 6 bis 8 Jahre

Auszeiten und Konsequenzen sind ebenfalls effektive Disziplinierungsstrategien für diese Altersgruppe.

Auch hier ist Konsequenz entscheidend, ebenso wie das Durchhalten. Halten Sie Ihre Versprechen zur Disziplin ein, sonst riskieren Sie, Ihre Autorität zu untergraben. Kinder müssen glauben, dass Sie meinen, was Sie sagen. Das heißt nicht, dass Sie keine zweiten Chancen geben oder einen gewissen Spielraum für Fehler zulassen dürfen, aber in den meisten Fällen sollten Sie das, was Sie sagen, auch umsetzen.

Achten Sie darauf, dass Sie im Zorn keine unrealistischen Strafandrohungen aussprechen ("Knallt die Tür zu und ihr werdet nie wieder fernsehen!"), denn wenn Sie diese nicht umsetzen, könnten **alle** Ihre Drohungen schwächer werden. Wenn Sie drohen, das Auto umzudrehen und nach Hause zu fahren, wenn das Gezanke auf dem Rücksitz nicht aufhört, sollten Sie genau das tun. Die Glaubwürdigkeit, die Sie bei Ihren Kindern gewinnen werden, ist viel wertvoller als ein verlorener Strandtag.

Riesige Strafen können Ihnen die Macht als Elternteil nehmen. Wenn Sie Ihrem Sohn oder Ihrer Tochter einen Monat lang Hausarrest geben, fühlt sich Ihr Kind möglicherweise nicht motiviert, sein Verhalten zu ändern, weil ihm bereits alles genommen wurde. Es kann helfen, einige Ziele zu setzen, die Kinder erreichen können, um Privilegien zurückzugewinnen, die ihnen wegen Fehlverhaltens entzogen wurden.

Alter 9 bis 12 Jahre

Kinder in dieser Altersgruppe können - wie bei allen anderen Altersgruppen auch - mit natürlichen Konsequenzen diszipliniert werden. Wenn sie reifer werden und mehr Unabhängigkeit und Verantwortung verlangen, ist es eine effektive und angemessene Methode der Disziplinierung, ihnen beizubringen, mit den Konsequenzen ihres Verhaltens umzugehen.

Wenn zum Beispiel die Hausaufgaben Ihres Fünftklässlers nicht vor dem Schlafengehen erledigt sind, sollten Sie ihn oder sie dazu bringen, aufzubleiben, um sie zu erledigen oder sogar selbst Hand anzulegen? Wahrscheinlich nicht - Sie würden eine Gelegenheit verpassen, eine wichtige Lebenslektion zu vermitteln. Wenn die Hausaufgaben unvollständig sind, wird Ihr Kind am nächsten Tag ohne sie zur Schule gehen und unter der daraus resultierenden schlechten Note leiden.

Es ist natürlich, dass Eltern ihre Kinder vor Fehlern bewahren wollen, aber auf lange Sicht tun sie den Kindern einen Gefallen, wenn sie sie manchmal scheitern lassen. Kinder sehen, was unangemessenes Verhalten bedeuten kann und werden diese Fehler wahrscheinlich nicht mehr machen. Wenn Ihr Kind jedoch nicht aus natürlichen Konsequenzen zu lernen scheint, sollten Sie einige eigene einführen, um das Verhalten zu ändern. Der Entzug von Privilegien wie z. B. Elektronik kann eine effektive Konsequenz für diese Altersgruppe sein.

13 Jahre und älter

Inzwischen haben Sie den Grundstein gelegt. Ihr Kind weiß, was erwartet wird und dass Sie es mit den Strafen für schlechtes Benehmen ernst meinen. Lassen Sie jetzt nicht locker - Disziplin ist für Teenager genauso wichtig wie für jüngere Kinder. Genau wie bei dem 4-Jährigen, der von Ihnen eine Schlafenszeit festgelegt und durchgesetzt bekommt, braucht auch Ihr Teenager Grenzen.

Stellen Sie Regeln für Hausaufgaben, Besuche von Freunden, Ausgangssperren und Verabredungen auf und besprechen Sie diese vorher mit Ihrem Teenager, damit es keine Missverständnisse gibt. Ihr Teenager wird sich wahrscheinlich von Zeit zu Zeit beschweren, aber er wird auch erkennen, dass Sie die Kontrolle haben. Ob Sie es glauben oder nicht, Teenager wollen und brauchen Sie immer noch, um Grenzen zu setzen und Ordnung in ihrem Leben durchzusetzen, auch wenn Sie ihnen mehr Freiheit und Verantwortung zugestehen.

Wenn Ihr Teenager gegen eine Regel verstößt, mag es die beste Lösung sein, ihm seine Privilegien zu entziehen. Während es in Ordnung ist, das Auto für eine Woche wegzunehmen, sollten Sie auch besprechen, warum es inakzeptabel und besorgniserregend ist, eine Stunde nach der Sperrstunde nach Hause zu kommen.

Denken Sie daran, einem Teenager etwas Kontrolle über die Dinge zu geben. Das wird nicht nur die Anzahl der Machtkämpfe begrenzen, sondern Ihrem Teenager auch helfen, die Entscheidungen zu respektieren, die Sie treffen müssen. Sie könnten einem jüngeren Teenager erlauben, Entscheidungen über Schulkleidung, Frisuren oder sogar den Zustand seines Zimmers zu treffen. Wenn Ihr Teenager älter wird, könnte dieser Bereich der Kontrolle erweitert werden, um eine gelegentliche lockere Ausgangssperre einzuschließen.

Es ist auch wichtig, sich auf die positiven Aspekte zu konzentrieren. Lassen Sie Ihren Teenager zum Beispiel eine spätere Ausgangssperre durch positives Verhalten verdienen, anstatt eine frühere Ausgangssperre als Strafe für unverantwortliches Verhalten festzulegen.

Sich mit Ihrem Prä-Teenager verbinden

Die Verbindung zu halten, wenn Kinder sich den Teenagerjahren nähern und unabhängiger werden, kann für Eltern eine Herausforderung sein, aber es ist so wichtig wie immer - wenn nicht sogar noch wichtiger.

Während Aktivitäten in der Schule, neue Interessen und ein wachsendes Sozialleben für heranwachsende Kinder immer wichtiger werden, sind die Eltern immer noch die Anker, die Liebe, Führung und Unterstützung bieten.

Und diese Verbindung vermittelt ein Gefühl der Sicherheit und hilft, die Widerstandsfähigkeit aufzubauen, die Kinder brauchen, um mit den Höhen und Tiefen des Lebens fertig zu werden.

Was zu erwarten ist

Ihr Kind tut vielleicht so, als sei Ihre Hilfe nicht willkommen oder nicht nötig, und scheint sich manchmal sogar vor Ihnen zu schämen. In dieser Zeit beginnen Kinder, sich mehr Gleichaltrigen anzuvertrauen und ihren Freiraum und ihre Privatsphäre einzufordern - erwarten Sie, dass die Schlafzimmertür öfter geschlossen wird.

So schwer es auch sein mag, diese Veränderungen zu schlucken, versuchen Sie, sie nicht persönlich zu nehmen. Sie sind alle Zeichen für wachsende Unabhängigkeit. Der beste Weg, sie zu bewältigen, ist ein Gleichgewicht: Erlauben Sie dem Kind mehr Raum, indem Sie seine Grenzen erweitern, aber setzen Sie weiterhin wichtige Hausregeln und Familienwerte durch. Ein Kind, das um mehr Privatsphäre bittet, kann sich zum Beispiel das Privileg verdienen, die Schlafzimmertür abschließen zu dürfen, indem es eine bestimmte Zeit lang Hausarbeiten erledigt.

Aber Sie müssen nicht völlig loslassen. Sie haben immer noch einen starken Einfluss - es ist nur so, dass Ihr Teenager vielleicht mehr auf das Beispiel reagiert, das Sie geben, als auf die Anweisungen, die Sie geben. Praktizieren Sie also, was Sie predigen möchten; predigen Sie es nur vorerst etwas weniger.

Wenn Sie Ihrem Kind die Eigenschaften vorleben, die es lernen und praktizieren soll - respektvolle Kommunikation, Freundlichkeit, gesunde Ernährung und die Erfüllung alltäglicher Pflichten, ohne sich zu beschweren - ist es wahrscheinlicher, dass Ihr Sohn oder Ihre Tochter sich daran hält.

Was Sie tun können

Kleine, einfache Dinge können die Verbindung verstärken. Schaffen Sie in Ihrem Zeitplan Platz für besondere Zeiten, nutzen Sie die Routinen, die Sie bereits teilen, und zeigen Sie, dass Sie sich kümmern.

Hier sind einige Tipps:

- **Familienmahlzeiten:** Es mag wie eine lästige Pflicht erscheinen, eine Mahlzeit zuzubereiten, besonders nach einem langen Tag. Aber eine gemeinsame Familienmahlzeit bietet wertvolle gemeinsame Zeit. Planen und organisieren Sie es also genauso wie jede andere Aktivität. Selbst wenn Sie etwas Vorgefertigtes mitnehmen müssen, setzen Sie sich zusammen, um es zu essen. Schalten Sie den Fernseher aus und versuchen Sie, das klingelnde Telefon abzuschalten. Wenn das nicht jeden Abend möglich ist, planen Sie einen regelmäßigen wöchentlichen Abend für das Familienessen, der den Zeitplänen der Kinder entgegenkommt. Machen Sie etwas, das Spaß macht, und beteiligen Sie alle an der Zubereitung und am Aufräumen. Eine gemeinsame Aktivität schafft Nähe und Verbundenheit, und wenn alle mit anpacken, wird das Gefühl von Verantwortung und Teamarbeit gestärkt.

- **Schlafenszeit und gute Nacht:** Ihr Kind muss vielleicht nicht mehr zugedeckt werden, aber die Beibehaltung einer konsequenten Schlafenszeit-Routine hilft Preteens, den Schlaf zu bekommen, den sie brauchen, um gesund und stark zu werden. Planen Sie also eine gemeinsame Einschlafzeit ein, bevor das Licht ausgeht. Lesen Sie gemeinsam. Gehen Sie die Höhepunkte des Tages durch und sprechen Sie über den morgigen Tag. Und selbst wenn Ihr Kind aus dem Zudecken herausgewachsen ist, gibt es immer noch einen Platz für einen Gute-Nacht-Kuss oder eine Umarmung. Wenn es abgewiesen wird, versuchen Sie es mit einer sanften Hand auf der Schulter oder dem Rücken, während Sie Ihrem Kind eine gute Nacht wünschen.
- **Teilen Sie gewöhnliche Zeit:** Finden Sie kleine Dinge, die es Ihnen ermöglichen, einfach zusammen abzuhängen. Laden Sie Ihren Teenager ein, mit Ihnen den Hund auszuführen. Laden Sie sich selbst ein, mit ihm oder ihr zu laufen. Das Auto waschen, Kekse backen, Filme ausleihen, die Lieblingsserie im Fernsehen schauen - all das sind Gelegenheiten, die Gesellschaft des anderen zu genießen. Und es sind Gelegenheiten für Kinder, über das zu reden, was ihnen auf dem Herzen liegt. Sogar die Fahrt im Auto

ist eine Gelegenheit, sich auszutauschen. Wenn Sie fahren, ist Ihr Kind vielleicht eher bereit, ein Problem anzusprechen, das es beschäftigt. Da Sie sich auf die Straße konzentrieren, muss er oder sie keinen Blickkontakt herstellen, was das Unbehagen, sich zu öffnen, verringern kann.

- **Schaffen Sie besondere Zeit:** Machen Sie das Feiern von Familienmeilensteinen über Geburtstage und Feiertage hinaus zu einer Tradition. Kleinere Anlässe wie ein gutes Zeugnis oder ein gewonnenes Fußballspiel zu feiern, hilft, die Familienbande zu stärken.
- **Zeigen Sie Zuneigung:** Unterschätzen Sie nicht, wie wichtig es ist, Ihrem Kind zu sagen und zu zeigen, wie sehr Sie es lieben. Dies sorgt dafür, dass sich Kinder sicher und geliebt fühlen. Und Sie zeigen, wie man Zuneigung auf gesunde Weise zeigen kann. Dennoch kann es sein, dass sich Kinder im Teenageralter bei großen Zuneigungsbekundungen ihrer Eltern unsicher fühlen, besonders in der Öffentlichkeit. Sie werden sich vielleicht von Ihrer Umarmung und Ihrem Kuss zurückziehen, aber es geht nicht um Sie. Reservieren Sie diese Art der Zuneigung für Zeiten, in denen keine Freunde in der Nähe sind. Und in der

Öffentlichkeit sollten Sie andere Wege finden, um zu zeigen, dass Sie sich kümmern. Ein Lächeln oder ein Winken kann eine herzliche Verabschiedung vermitteln und gleichzeitig Grenzen respektieren. Erkennen Sie laut die wunderbaren Eigenschaften und sich entwickelnden Fähigkeiten Ihres Kindes an, wenn Sie sie sehen. Sie könnten sagen: "Das ist eine schöne Zeichnung - du bist wirklich sehr künstlerisch" oder "Du warst heute beim Baseballtraining großartig - ich habe dir gerne zugesehen."

- **Bleiben Sie beteiligt:** Beteiligen Sie sich an den wachsenden Unternehmungen Ihres Teenagers. Wenn Sie sich engagieren, verbringen Sie mehr Zeit miteinander und machen gemeinsame Erfahrungen. Sie müssen nicht der Pfadfinderleiter, die Klassenlehrerin oder der Fußballtrainer sein, um sich zu engagieren. Und vielleicht möchte Ihr Kind mehr Aktivitäten machen, bei denen Sie nicht das Sagen haben. Das ist auch in Ordnung. Gehen Sie zu Spielen und Trainings, wenn Sie können; wenn Sie nicht können, fragen Sie, wie es gelaufen ist und hören Sie aufmerksam zu. Helfen Sie Kindern, über Enttäuschungen zu sprechen, und zeigen Sie Verständnis für den verpassten Flugball, der das Spiel für die andere Mannschaft gewonnen hat. Durch Ihre

Einstellung zu Rückschlägen lernen Ihre Kinder, diese zu akzeptieren und sich damit abzufinden und den Mut aufzubringen, es erneut zu versuchen.

- **Bleiben Sie interessiert:** Bleiben Sie interessiert und neugierig auf die Ideen, Gefühle und Erfahrungen Ihres Teenagers. Wenn Sie zuhören, was er oder sie sagt, bekommen Sie ein besseres Gefühl für die nötige Führung, Perspektive und Unterstützung. Und wenn Sie auf eine nicht wertende Art und Weise reagieren, wird Ihr Kind eher zu Ihnen kommen, wenn schwierige Fragen auftauchen.
- **Verwalten Sie elektronische Geräte:** Je älter Kinder werden, desto wahrscheinlicher ist es, dass sie ihre eigenen Tablets, Laptops oder Telefone haben (und diese auch zunehmend nutzen). Während ein gewisser Gebrauch von elektronischen Geräten eine hilfreiche Möglichkeit für Kinder im Vorschulalter ist, mit ihren Freunden in Verbindung zu bleiben, kann ein übermäßiger oder uneingeschränkter Gebrauch zu Problemen führen und die Qualität und Häufigkeit der Familienzeit verringern. Setzen Sie Grenzen, die mit Ihren Werten übereinstimmen, und lassen Sie innerhalb dieser Grenzen Freiheiten zu. Spionieren Sie zum Beispiel keine Social Media- und

Textkonversationen aus, es sei denn, es ist für die Sicherheit und das Wohlbefinden Ihres Kindes notwendig. Apps und Programme können Ihnen helfen, Grenzen durchzusetzen. Stellen Sie schließlich sicher, dass Sie einen gesunden Umgang mit Elektronik vorleben.

- **Ändern Sie Ihren Kommunikationsstil:** Die neu gewonnene Unabhängigkeit Ihres Preteen wird wahrscheinlich zu einigen wichtigen Veränderungen in der Kommunikation führen. Während ein jüngeres Kind es vielleicht zu schätzen weiß, dass Sie ein Problem mit seinem Freund lösen, indem Sie dessen Mutter anrufen, wird ein Preteen diese Lösung nur schwer schlucken können. Für viele Preteens geht es beim Besprechen einer Lebensherausforderung mit einem Elternteil nicht mehr darum, dass die Eltern das Problem lösen; es geht um Zuhören und Unterstützung. Sie könnten den Drang verspüren, jedes Problem zu lösen, das Ihr Teenager erwähnt (oder seine Lehrer oder Freunde anzurufen, um es direkt zu lösen), aber denken Sie bei kleinen Problemen daran, dass er vielleicht einen Ort sucht, an dem er sich Luft machen kann, und die Unterstützung, um es selbst herauszufinden. Wenn Sie von einem Problem hören, das nicht von einem Erwachsenen gelöst werden muss, versuchen Sie etwas zu sagen wie: "Das hört sich wirklich schwierig an, ich kann verstehen, warum es dich wütend macht. Ich bin für dich da, wenn du etwas brauchst oder noch ein bisschen darüber reden möchtest." Wenn sie Hilfe brauchen, werden sie Sie darum bitten. Aber Ihre Unterstützung, Ihr Zuhören und Ihr Einfühlungsvermögen werden ihnen helfen, sich in der Lage zu fühlen, selbst Lösungen zu finden.

Kindern helfen, mit Mobbing umzugehen

Ein Mobber kann etwas wie den Gang zur Bushaltestelle oder zur Pause zu einem Alptraum für Kinder machen. Mobbing kann tiefe emotionale Narben hinterlassen. Und in extremen Situationen kann es zu gewalttätigen Drohungen, Sachbeschädigung oder zu schweren Verletzungen kommen.

Wenn Ihr Kind gemobbt wird, möchten Sie handeln und helfen, dies zu stoppen, wenn möglich. Sie können Ihrem Kind helfen, mit Hänseleien, Mobbing oder fiesem Tratsch umzugehen *und* dessen dauerhafte Auswirkungen zu verringern. Und selbst wenn Mobbing in Ihrem Haus gerade kein Thema ist, ist es wichtig, darüber zu sprechen, damit Ihre Kinder vorbereitet sind, falls es doch passiert.

Wann ist es Mobbing?

Die meisten Kinder werden irgendwann einmal von einem Geschwisterkind oder einem Freund gehänselt. Und es ist normalerweise nicht schädlich, wenn es auf eine spielerische, freundliche und gegenseitige Weise geschieht und beide Kinder es lustig finden. Aber wenn das Hänseln verletzend, unfreundlich und dauerhaft wird, überschreitet es die Grenze zum Mobbing und muss aufhören.

Mobbing ist absichtliches Quälen auf körperliche, verbale oder psychische Weise. Es kann vom Schlagen, Schieben, Beschimpfen, Bedrohen und Verspotten bis hin zum Erpressen von Geld und Besitz reichen. Manche Kinder schikanieren, indem sie andere meiden und Gerüchte über sie verbreiten. Andere nutzen sozialeMedien oder elektronische Nachrichten, um andere zu verspotten oder ihre Gefühle zu verletzen.

Es ist wichtig, Mobbing ernst zu nehmen und es nicht einfach als etwas abzutun, mit dem Kinder "fertig werden müssen". Die Auswirkungen können gravierend sein und das Sicherheits- und Selbstwertgefühl der Kinder beeinträchtigen. In schweren Fällen hat Mobbing zu Tragödien wie Selbstmorden und Schulschießereien beigetragen.

Warum mobben Kinder?

Kinder schikanieren aus den unterschiedlichsten Gründen. Manchmal schikanieren sie Kinder, weil sie ein Opfer brauchen - jemanden, der emotional oder körperlich schwächer zu sein scheint oder sich einfach anders verhält oder anders erscheint - um sich wichtiger, beliebter oder kontrollierter zu fühlen. Obwohl einige Tyrannen größer oder stärker als ihre Opfer sind, ist das nicht immer der Fall.

Manchmal quälen Kinder andere, weil sie so behandelt worden sind. Sie denken vielleicht, ihr Verhalten sei normal, weil sie aus Familien oder anderen Umgebungen kommen, in denen alle regelmäßig wütend werden und sich gegenseitig anschreien oder beschimpfen. Einige beliebte Fernsehsendungen scheinen sogar Gemeinheit zu fördern - Menschen werden "abgewählt", gemieden oder wegen ihres Aussehens oder mangelnden Talents lächerlich gemacht.

Was sind die Anzeichen für Mobbing?

Wenn Ihr Kind Ihnen nicht von Mobbing erzählt - oder sichtbare blaue Flecken oder Verletzungen hat - kann es schwer sein, zu erkennen, ob es Mobbing gibt.

Aber es gibt einige Warnzeichen. Eltern könnten Kinder bemerken:

- sich anders zu verhalten oder ängstlich zu wirken
- nicht essen, nicht gut schlafen oder nicht die Dinge tun, die sie normalerweise genießen
- launischer oder leichter verärgert zu sein als sonst
- Vermeiden bestimmter Situationen (z. B. mit dem Bus zur Schule fahren)

Wenn Sie Mobbing vermuten, Ihr Kind aber zögert, sich zu öffnen, finden Sie Wege, das Thema anzusprechen. Zum Beispiel könnten Sie eine Situation in einer Fernsehsendung sehen und fragen: "Was denkst du darüber?" oder "Was denkst du, was diese Person hätte tun sollen?" Dies könnte zu Fragen führen wie: "Haben Sie das schon einmal gesehen?" oder "Haben Sie das schon einmal erlebt?" Vielleicht möchten Sie über Erfahrungen sprechen, die Sie oder ein anderes Familienmitglied in diesem Alter gemacht haben.

Lassen Sie Ihre Kinder wissen, dass es wichtig ist, mit jemandem darüber zu sprechen, wenn sie gemobbt oder belästigt werden - oder wenn sie sehen, dass es jemand anderem passiert -, sei es mit Ihnen, einem anderen Erwachsenen (einem Lehrer, Schulberater oder Freund der Familie) oder einem Geschwisterkind.

Was können Eltern tun?

Wenn Ihr Kind Ihnen erzählt, dass es gemobbt wird, hören Sie ruhig zu und bieten Sie Trost und Unterstützung an. Kinder zögern oft, Erwachsenen von Mobbing zu erzählen, weil es ihnen peinlich ist und sie sich schämen, dass es passiert, oder weil sie befürchten, dass ihre Eltern enttäuscht, verärgert, wütend oder reaktiv sein werden.

Manchmal haben Kinder das Gefühl, dass es ihre eigene Schuld ist, dass es nicht passieren würde, wenn sie anders aussehen oder sich anders verhalten würden. Manchmal haben sie Angst, dass es noch schlimmer wird, wenn der Tyrann herausfindet, dass sie es erzählt haben. Andere machen sich Sorgen, dass ihre Eltern ihnen nicht glauben oder nichts dagegen unternehmen werden. Oder die Kinder haben Angst, dass ihre Eltern sie dazu drängen, sich zu wehren, obwohl sie Angst davor haben.

Loben Sie Ihr Kind dafür, dass es das Richtige getan hat, indem es mit Ihnen darüber spricht. Erinnern Sie Ihr Kind daran, dass es nicht alleine ist - viele Menschen werden irgendwann einmal gemobbt. Erklären Sie, dass es der Mobber ist, der sich schlecht verhält - nicht Ihr Kind. Versichern Sie Ihrem Kind, dass Sie gemeinsam herausfinden werden, was Sie dagegen tun können.

In Umfragen sagen die meisten Kinder und Jugendlichen, dass Mobbing in der Schule passiert. Informieren Sie jemanden in der Schule (den Schulleiter, die Schulkrankenschwester, einen Berater oder Lehrer) über die Situation. Oft können sie beobachten und Schritte unternehmen, um weitere Probleme zu verhindern.

"Mobbing" kann eine Vielzahl von Situationen beschreiben, daher gibt es keine pauschale Lösung. Was in einer Situation funktioniert, muss in einer anderen nicht funktionieren. Viele Dinge - wie das Alter der beteiligten Kinder, die Schwere der Situation und die spezifische Art des Mobbing-Verhaltens - helfen dabei, die beste Vorgehensweise zu bestimmen.

Nehmen Sie es ernst, wenn Sie hören, dass das Mobbing schlimmer wird, wenn der Mobber herausfindet, dass Ihr Kind es erzählt hat oder wenn Drohungen mit körperlichem Schaden im Spiel sind. Manchmal ist es sinnvoll, sich an des Mobbers Eltern zu wenden. In den meisten Fällen ist es jedoch am besten, sich zuerst an Lehrer oder Berater zu wenden. Wenn Sie diese Methoden ausprobiert haben und immer noch mit den Eltern des mobbenden Kindes sprechen wollen, ist es am besten, dies dort zu tun, wo ein Schulbeamter, wie z. B. ein Berater, vermitteln kann.

Die meisten Schulen haben Mobbing-Richtlinien und Anti-Mobbing-Programme. Auch viele Staaten haben Gesetze und Richtlinien gegen Mobbing. Informieren Sie sich über die Gesetze in Ihrer Gemeinde. In einigen Fällen, wenn Sie ernsthafte Bedenken über die Sicherheit Ihres Kindes haben, müssen Sie sich an die Justizbehörden wenden.

Beratung für Kinder

Eltern können Kindern helfen zu lernen, wie man mit Mobbing umgeht, wenn es passiert. Für manche Eltern mag es verlockend sein, einem Kind zu sagen, es solle sich wehren. Schließlich sind Sie wütend, dass Ihr Kind leidet und vielleicht wurde Ihnen in Ihrer Jugend gesagt, dass Sie "für sich selbst einstehen" sollen. Oder Sie machen sich Sorgen, dass Ihr Kind weiterhin gemobbt wird, und denken, dass Zurückschlagen die einzige Möglichkeit ist, einen Mobber in seine Schranken zu weisen.

Aber es ist wichtig, Kindern zu raten, auf Mobbing nicht mit Kampf oder Mobbing zu reagieren. Das kann schnell zu Gewalt und Ärger führen und dazu, dass jemand verletzt wird. Stattdessen ist es am besten, die Situation zu verlassen, sich mit anderen zu treffen und einem Erwachsenen davon zu erzählen.

Hier sind einige andere Möglichkeiten, wie Kinder die Situation verbessern können und sich besser fühlen:

- **Meide den Tyrannen und nutz das Kumpel-System.** Benutz eine andere Toilette, wenn ein Mobber in der Nähe ist, und geh nicht zu deinem Spind, wenn niemand anderes in der Nähe ist. Achte darauf, dass du jemanden dabeihast, damit du nicht allein mit dem Tyrannen bist. Schließen Sie sich im Bus, auf den Fluren oder in der Pause mit einem Freund zusammen - wo auch immer sich der Tyrann aufhält. Bieten Sie an, dasselbe für einen Freund zu tun.

- **Halte die Wut zurück. Es** ist natürlich, sich über den Tyrannen aufzuregen, aber das ist es, was Tyrannen gedeihen lässt. Dadurch fühlen sie sich noch mächtiger. Übe, nicht mit Weinen oder einem roten oder verärgerten Gesicht zu reagieren. Es braucht viel Übung, aber es ist eine nützliche Fähigkeit, um nicht in das Visier des Tyrannen zu geraten. Manchmal ist es für Kinder nützlich, Strategien zur "Abkühlung" zu üben, wie z. B. bis 10 zu zählen, wütende Worte aufzuschreiben, tief durchzuatmen oder wegzugehen. Manchmal ist es am besten, den Kindern beizubringen, ihr Gesicht ruhig zu halten, bis sie keine Gefahr mehr darstellen (Lächeln oder Lachen kann den Tyrannen provozieren).

- **Handel mutig, geh weg und ignoriere den Tyrannen.** Sagen Sie dem Mobber klar und deutlich, dass er aufhören soll, und gehe dann weg. Übe Möglichkeiten, die verletzenden Bemerkungen zu ignorieren, wie z. B. desinteressiert zu wirken oder jemandem eine SMS auf dem Handy zu schreiben. Indem du den Tyrannen ignorierst, zeigst du, dass es dich nicht interessiert. Irgendwann wird der Tyrann wahrscheinlich keine Lust mehr haben, dich zu belästigen.

- **Erzähle es einem Erwachsenen.** Lehrer, Schulleiter, Eltern und das Personal in der Schulkantine können helfen, Mobbing zu stoppen.
- **Spreche darüber.** Spreche mit jemandem, dem du vertraust, z. B. mit einem Berater, Lehrer, Geschwister oder Freund. Sie können dir vielleicht hilfreiche Vorschläge machen. Auch wenn sie die Situation nicht lösen können, kann es dir helfen, sich weniger allein zu fühlen.

Vertrauen aufbauen

Der Umgang mit Mobbing kann das Selbstvertrauen eines Kindes verletzen. Um es wieder aufzubauen, ermutigen Sie Ihre Kinder, Zeit mit Freunden zu verbringen, die einen positiven Einfluss haben. Die Teilnahme an Vereinen, Sport oder anderen unterhaltsamen Aktivitäten stärkt das Selbstvertrauen und fördert Freundschaften.

Haben Sie ein offenes Ohr für schwierige Situationen, aber ermutigen Sie Ihre Kinder, Ihnen auch von den guten Seiten ihres Tages zu erzählen, und hören Sie aufmerksam zu. Stellen Sie sicher, dass sie wissen, dass Sie an sie glauben und dass Sie tun werden, was Sie können, um Mobbing anzusprechen.

Ermutigung zu einem gesunden Körperbild

Was ist das Körperbild?

Das Körperbild ist die Art und Weise, wie Sie sich über Ihren Körper fühlen. Kinder, die ein gesundes Körperbild haben, fühlen sich gut mit ihrem Körper. Sie sind zufrieden damit, wie sie aussehen, wie sich ihr Körper bewegt und wächst, und was ihr Körper leisten kann. Das Körperbild ist Teil des gesamten Selbstbildes eines Kindes.

Ein gutes Körperbild hilft Kindern, sich selbstbewusst zu fühlen. Es trägt zu ihrem Selbstwertgefühl bei. Kinder mit einem schlechten Körperbild fühlen sich nicht gut mit ihrem Körper oder ihrem Aussehen. Ein schlechtes Körperbild kann das Selbstbild eines Kindes beeinträchtigen. Es kann das Selbstwertgefühl senken.

Ein gesundes Körperbild wächst mit der Zeit. Es beginnt im Babyalter. Es baut sich auf, wenn Kinder wachsen. Es verändert sich, wenn Kinder in die Pubertät kommen. Es wird von dem geprägt, was andere sagen. In jeder Phase können Eltern etwas tun, um ein gesundes Körperbild des Kindes zu unterstützen.

Körperbild bei Babys und Kleinkindern

Babys und Kleinkinder scheinen von Natur aus glücklich mit ihrem Körper zu sein. Sie lieben es, mit ihren Füßen zu strampeln und mit ihren Zehen zu spielen. Sie lieben es, sich zu winden und ihren Körper zu benutzen, um sich zu bewegen. Sobald sie stehen und gehen können, sind Kleinkinder stolz, wenn sie Dinge "ganz allein" tun können.

Eltern helfen Babys und Kleinkindern, sich in ihrem Körper wohl zu fühlen, wenn sie:

- zärtliche Pflege und Kuscheln geben
- so spielen, dass Babys ihren Körper bewegen können
- Spielen auf eine Art und Weise, die es Kleinkindern ermöglicht, neue Fähigkeiten zu nutzen
- zeigen, wie stolz sie sind
- viel Lächeln und Lob verteilen

Körperbild bei heranwachsenden Kindern

Wenn Kinder wachsen, können sie ein gutes Gefühl für ihren Körper entwickeln. Manchmal zeigt sich das. Kinder strahlen vor Stolz, wenn man ihnen sagt, wie groß sie geworden sind. Sie lächeln sich im Spiegel an. Sie mögen es, wie sie in ihrem Lieblingsoutfit oder mit einem neuen Haarschnitt aussehen. Sie wollen, dass man beobachtet, wie schnell sie laufen können. Oder sehen, was sie auf dem Skateboard machen können.

Während sie wachsen, vergleichen sich Kinder möglicherweise mit anderen Kindern. Sie wollen sich gut fühlen, weil sie so aussehen. Sie möchten das tun können, was andere Kinder tun können. Wenn sie sich gut fühlen, weil sie sich mit anderen messen können, stärkt das ihr Körperbild.

Um Kindern beim Aufbau eines gesunden Körperbildes zu helfen, können Eltern:

- sie über ihren Körper unterrichten
- ihnen helfen, sich um ihren Körper zu kümmern
- nette Dinge darüber sagen, wie Kinder aussehen
- Lassen Sie Kinder zeigen, was sie können
- zeigen Sie ihnen, dass Sie stolz darauf sind, was sie tun können
- mit Kindern aktiv sein
- Kinder jeden Tag aktiv sein lassen

Körperbild in der Pubertät und darüber hinaus

Der Körper von Kindern verändert sich, wenn sie in die Pubertät kommen. Auch die Art und Weise, wie sie über ihren Körper denken, kann sich ändern. Manche Kinder sind aufgeregt, wie ein älteres Kind auszusehen. Andere sind schüchtern wegen ihres sich verändernden Körpers. Es kann einige Zeit dauern, sich an einen Körper zu gewöhnen, der anders aussieht und sich anders anfühlt.

Die Pubertät tritt nicht bei allen zur gleichen Zeit ein. Manche Kinder entwickeln sich früh. Sie mögen sich anfangs unbeholfen fühlen. Oder sie sind stolz darauf, reifer auszusehen. Manche Kinder kommen später in die Pubertät. Manche fühlen sich damit wohl, während andere es kaum erwarten können, ihre Freunde einzuholen.

Es ist normal, dass Mädchen ein wenig zusätzliches Körperfett haben, wenn sie durch die Pubertät gehen. Aber das veranlasst einige Mädchen, sich Sorgen um ihr Gewicht zu machen.

Preteens und Teens machen sich vielleicht viele Gedanken darüber, wie sie aussehen. Sie probieren vielleicht neue Looks und Stile aus. Sie kleiden sich vielleicht, um sich anzupassen oder um aufzufallen.

Sie konzentrieren sich vielleicht zu sehr auf das, was sie an ihrem Aussehen nicht mögen. Jungen wünschen sich vielleicht, sie hätten mehr Muskeln. Mädchen wünschen sich vielleicht, sie hätten mehr oder weniger Kurven. Zu viel Selbstkritik kann das Körperbild eines Teenagers verletzen.

Um Teenagern zu einem gesunden Körperbild zu verhelfen, können Eltern:

- nette Dinge darüber sagen, wie sie aussehen
- ihnen erlauben, neue Looks und Stile auszuprobieren
- Kritik am Aussehen eines Teenagers vermeiden
- Achten Sie darauf, dass Teenager ausreichend schlafen und sich gesund ernähren
- Stellen Sie sicher, dass Teenager jeden Tag aktiv sind

Können Hänseleien das Körperbild eines Kindes beeinflussen?

Manche Kinder werden wegen ihres Körpers oder ihres Aussehens gehänselt, schikaniert oder beschämt. Dies kann dazu führen, dass sich Kinder tief verletzt fühlen. Es kann ihr Körperbild und ihr Selbstwertgefühl beeinträchtigen.

Wenn dies der Fall ist, können die Eltern:

- Schritte unternehmen, um die Hänseleien oder das Mobbing zu beenden
- ihrem Kind helfen, die verletzten Gefühle und die Scham zu reparieren

Sie können dies tun, indem sie mit ihrem Kind sprechen und ihm zuhören. Wenn es nötig ist, können sie weitere Hilfe für ihr Kind von einem Berater oder Therapeuten bekommen. Das Körperbild eines Kindes kann sich zum Positiven verändern, auch wenn es verletzt wurde.

Kann ein Gesundheitszustand das Körperbild eines Kindes beeinflussen?

Manche Gesundheitszustände hindern Kinder daran, das zu tun, was andere Kinder tun können. Manche beeinflussen, wie ein Kind aussieht, sich bewegt, wächst oder wie aktiv es sein kann.

Aber eine gesundheitliche Störung zu haben, bedeutet nicht, dass ein Kind kein gesundes Körperbild haben kann. Ein gesundes Körperbild entsteht, wenn man seinen Körper akzeptiert, ihn mag und sich um ihn kümmert. Selbst wenn es Dinge gibt, die Kinder nicht tun können, können sie sich mit dem, was sie tun können, gut fühlen.

Was können Eltern sonst noch tun, um zu helfen?

Denken Sie daran, ein gutes Vorbild für Ihr Körperbild zu sein. Seien Sie jeden Tag aktiv. Ernähren Sie sich gesund. Sprechen Sie auf positive Weise über Ihren Körper. Akzeptieren Sie Ihren eigenen Körper und kümmern Sie sich gut um ihn. Die Kinder werden dies aufgreifen und das Gleiche für sich selbst tun.

Kinder zu einem klugen Umgang mit sozialen Medien erziehen

Die meisten Teenager nutzen irgendeine Form von sozialen Medien und haben ein Profil auf einer Social-Networking-Site. Viele besuchen diese Seiten jeden Tag.

Es gibt viele gute Dinge über soziale Medien - aber auch viele Risiken und Dinge, die Kinder und Jugendliche vermeiden sollten. Sie treffen nicht immer eine gute Wahl, wenn sie etwas auf einer Seite posten, und das kann zu Problemen führen.

Deshalb ist es wichtig, mit Ihren Kindern über den vernünftigen Umgang mit sozialen Medien zu sprechen.

Was ist gut an Social Media

Soziale Medien können Kindern helfen:

- mit Freunden und Familie verbunden bleiben
- sich ehrenamtlich bei einer Kampagne, einer gemeinnützigen Organisation oder einer Wohltätigkeitsorganisation engagieren

- ihre Kreativität durch den Austausch von Ideen, Musik und Kunst zu steigern
- Treffen und Interaktion mit anderen, die ähnliche Interessen haben
- mit Lehrern und Kommilitonen kommunizieren

Was ist schlecht an Social Media

Die Kehrseite der Medaille ist, dass soziale Medien eine Drehscheibe für Dinge wie Cybermobbing und fragwürdige Aktivitäten sein können. Ohne es zu wollen, können Kinder mehr online teilen, als sie sollten.

Die meisten Teenager:

- Fotos von sich selbst online stellen oder ihren echten Namen in ihren Profilen verwenden
- ihre Geburtsdaten und Interessen preisgeben
- ihren Schulnamen und die Stadt, in der sie wohnen, angeben

Dies kann sie zu einem leichten Ziel für Online-Raubtiere und andere, die ihnen Schaden zufügen wollen, machen.

Tatsächlich sagen viele Teenager, dass sie es getan haben:

- online von jemandem kontaktiert wurden, den sie nicht kannten, und zwar auf eine Art und Weise, die ihnen Angst oder Unbehagen bereitete
- Online-Werbung erhalten haben, die für ihr Alter unangemessen war
- über ihr Alter gelogen haben, um Zugang zu Websites zu erhalten

Bedenken und Konsequenzen

Neben Problemen wie Cybermobbing und Online-Raubtieren können Kinder auch mit der Möglichkeit einer physischen Begegnung mit der falschen Person konfrontiert werden. Viele neuere Apps geben automatisch den Standort des Posters preis, wenn sie verwendet werden. Dadurch kann jeder genau wissen, wo die Person, die die App verwendet, zu finden ist.

Und Fotos, Videos und Kommentare, die online gemacht wurden, können in der Regel nicht mehr zurückgenommen werden, sobald sie veröffentlicht wurden. Selbst wenn ein Teenager denkt, dass etwas gelöscht wurde, kann es unmöglich sein, es vollständig aus dem Internet zu löschen.

Das Posten eines unangemessenen Fotos kann den Ruf schädigen und noch Jahre später Probleme verursachen -

zum Beispiel, wenn ein potenzieller Arbeitgeber oder ein Beamter für die Hochschulzulassung einen Hintergrundcheck durchführt. Und das Versenden einer gemein gemein gemeinten SMS, auch wenn es nur ein Scherz ist, kann jemanden sehr verletzen und sogar als Drohung aufgefasst werden.

Zu viel Zeit auf sozialen Medien zu verbringen, kann auch ein Wermutstropfen sein. Wenn Kinder sehen, wie viele "Freunde" andere haben, und die Bilder von ihnen sehen, wie sie Spaß haben, kann das dazu führen, dass sie sich schlecht fühlen oder das Gefühl haben, dass sie nicht mit Gleichaltrigen mithalten können.

Was können Eltern tun?

Es ist wichtig, darauf zu achten, was Ihre Kinder online tun. Aber Schnüffeln kann sie entfremden und das Vertrauen, das Sie gemeinsam aufgebaut haben, beschädigen. Der Schlüssel liegt darin, sich auf eine Art und Weise einzubringen, die Ihren Kindern klar macht, dass Sie ihre Privatsphäre respektieren, aber auch dafür sorgen wollen, dass sie sicher sind.

Sagen Sie Ihren Kindern, dass es wichtig ist:

- **Seien Sie nett.** Gemeines Verhalten ist nicht in Ordnung. Machen Sie deutlich, dass Sie von Ihren Kindern erwarten, dass sie andere mit Respekt behandeln und niemals verletzende oder peinliche Nachrichten posten. Und bitten Sie sie, Ihnen immer von belästigenden oder schikanösen Nachrichten zu berichten, die andere posten.

- **Denken Sie zweimal nach, bevor Sie auf "Enter" drücken.** Erinnern Sie Teenager daran, dass das, was sie posten, gegen sie verwendet werden kann. Wenn Sie z. B. der Welt mitteilen, dass Sie im Urlaub sind, oder wenn Sie Ihre Adresse veröffentlichen, haben potenzielle Räuber eine Chance, zuzuschlagen. Teenager sollten es auch vermeiden, bestimmte Orte von Partys oder Veranstaltungen sowie Telefonnummern zu veröffentlichen.

- **Befolgen Sie die "WWGS?" (Was würde Oma sagen?) Regel.** Bringen Sie Ihren Kindern bei, nichts in den sozialen Medien zu teilen, von dem sie nicht möchten, dass ihre Lehrer, College-Zulassungsbeamten, zukünftigen Chefs - und ja, auch ihre Großmutter - es sehen.

- **Verwenden Sie die Datenschutzeinstellungen.** Datenschutzeinstellungen sind wichtig. Gehen Sie sie gemeinsam durch und stellen Sie sicher, dass Ihre Kinder jede Einstellung verstehen. Erklären Sie außerdem, dass Kennwörter dazu da sind, sie vor Dingen wie Identitätsdiebstahl zu schützen. Sie sollten sie niemals mit jemandem teilen, auch nicht mit dem Freund, der Freundin oder dem besten Freund.

- **Freunden Sie sich nicht mit Fremden an.** "Wenn du sie nicht kennst, freunde dich nicht mit ihnen an." Dies ist eine schlichte, einfache - und sichere - Faustregel.

Einen Vertrag schließen

Ziehen Sie in Erwägung, mit Ihren Kindern eine "Social-Media-Vereinbarung" zu treffen - einen echten Vertrag, den sie unterschreiben können. Darin verpflichten sie sich, ihre eigene Privatsphäre zu schützen, auf ihren Ruf Rücksicht zu nehmen und keine persönlichen Informationen weiterzugeben. Sie versprechen auch, die Technologie nicht zu nutzen, um andere durch Mobbing oder Klatsch zu verletzen.

Im Gegenzug erklären sich die Eltern bereit, die Privatsphäre der Teenager zu respektieren, während sie sich bemühen, ein Teil der Social-Media-Welt zu sein. Das bedeutet, dass Sie sich mit ihnen "anfreunden" und sie beobachten können, aber keine peinlichen Kommentare oder Tiraden über unordentliche Zimmer posten.

Eltern können auch dazu beitragen, dass Kinder in der realen Welt bleiben, indem sie der Mediennutzung Grenzen setzen. Lassen Sie Computer in öffentlichen Bereichen im Haus, vermeiden Sie Laptops und Smartphones in den Schlafzimmern und stellen Sie einige Regeln für die Nutzung von Technologie auf (z. B. keine Geräte am Esstisch).

Und vergessen Sie nicht: Wenn Sie durch Ihr eigenes virtuelles Verhalten mit gutem Beispiel vorangehen, kann das viel dazu beitragen, dass Ihre Kinder soziale Medien sicher nutzen.

Top 10 Hausaufgaben-Tipps

Kinder sind in der Schule erfolgreicher, wenn die Eltern ein aktives Interesse an ihren Hausaufgaben haben - es zeigt den Kindern, dass das, was sie tun, wichtig ist.

Natürlich sollte die Hilfe bei den Hausaufgaben nicht bedeuten, dass man stundenlang über den Schreibtisch gebeugt sitzt. Eltern können unterstützend wirken, indem sie Lern- und Organisationsfähigkeiten demonstrieren, ein kniffliges Problem erklären oder Kinder einfach ermutigen, eine Pause einzulegen. Und wer weiß? Vielleicht lernen die Eltern sogar noch etwas dazu!

Hier sind einige Tipps, die Ihnen den Weg weisen:

1. **Kennen Sie die Lehrer - und wissen Sie, worauf sie Wert legen.** Besuchen Sie Schulveranstaltungen, wie z. B. Elternabende, um die Lehrer Ihres Kindes kennenzulernen. Fragen Sie nach der Hausaufgabenregelung und wie Sie sich einbringen können.

2. **Richten Sie einen hausaufgabenfreundlichen Bereich ein.** Stellen Sie sicher, dass Kinder einen gut beleuchteten Platz haben, um ihre Hausaufgaben zu

erledigen. Halten Sie das Material - Papier, Stifte, Kleber, Schere - in Reichweite.

3. **Planen Sie eine regelmäßige Lernzeit ein.** Einige Kinder arbeiten am besten am Nachmittag, nach einer Snack- und Spielzeit; andere warten vielleicht lieber bis nach dem Abendessen.

4. **Helfen Sie ihnen, einen Plan zu erstellen.** In Nächten mit vielen Hausaufgaben oder wenn eine besonders schwere Aufgabe zu bewältigen ist, ermutigen Sie Ihr Kind, die Arbeit in überschaubare Abschnitte aufzuteilen. Erstellen Sie, falls nötig, einen Arbeitsplan für die Nacht - und nehmen Sie sich, wenn möglich, jede Stunde Zeit für eine 15-minütige Pause.

5. **Beschränken Sie Ablenkungen auf ein Minimum.** Das bedeutet: kein Fernsehen, keine laute Musik, keine Telefonate. (Gelegentlich kann jedoch ein Telefonat mit einem Klassenkameraden über eine Aufgabe hilfreich sein).

6. **Stellen Sie sicher, dass Kinder ihre eigene Arbeit machen.** Sie werden nicht lernen, wenn sie nicht selbst denken und ihre eigenen Fehler machen. Die Eltern können Vorschläge machen und mit Hinweisen helfen. Aber es ist die Aufgabe des Kindes, das Lernen zu tun.

7. **Seien Sie ein Motivator und überwachen Sie.** Fragen Sie nach Aufgaben, Quizzen und Tests. Geben Sie Ermutigung, kontrollieren Sie erledigte Hausaufgaben und stehen Sie für Fragen und Anliegen zur Verfügung.
8. **Seien Sie ein gutes Beispiel.** Sehen Ihre Kinder jemals, wie Sie fleißig Ihren Haushalt ausgleichen oder ein Buch lesen? Kinder folgen eher dem Beispiel ihrer Eltern als deren Ratschlägen.
9. **Loben Sie ihre Arbeit und Bemühungen.** Hängen Sie einen bestandenen Test oder ein Kunstprojekt an den Kühlschrank. Erwähnen Sie akademische Leistungen gegenüber Verwandten.
10. **Wenn es weiterhin Probleme mit den Hausaufgaben gibt, holen Sie sich Hilfe.** Sprechen Sie mit dem Lehrer Ihres Kindes darüber. Einige Kinder haben Probleme, die Tafel zu sehen und brauchen vielleicht eine Brille; andere brauchen vielleicht eine Beurteilung für ein Lernproblem oder eine Aufmerksamkeitsstörung.

Hausaufgabenhilfe für Ihren Grundschüler

Während der Grundschulzeit bekommen Kinder zum ersten Mal Hausaufgaben, um das Lernen im Klassenzimmer zu festigen und zu erweitern und um wichtige Lernfähigkeiten zu üben.

Durch das Erledigen von Hausaufgaben lernen Kinder, wie:

- selbstständig Anweisungen lesen und befolgen
- Zeit verwalten und budgetieren (für langfristige Aufgaben wie Buchberichte)
- Arbeiten sauber und nach bestem Wissen und Gewissen erledigen

Es hilft ihnen auch, ein Gefühl von Verantwortung, Stolz auf eine gut gemachte Arbeit und eine Arbeitsmoral zu entwickeln, von der sie weit über das Klassenzimmer hinaus profitieren werden.

Eltern können Kindern viel Hilfe bei den Hausaufgaben geben, vor allem indem sie Hausaufgaben zu einer Priorität machen und ihnen helfen, gute Lerngewohnheiten zu entwickeln.

Ort einrichten

Der Küchen- oder Esszimmertisch ist ein beliebter Arbeitsplatz für jüngere Kinder; sie fühlen sich in Ihrer Nähe wohler, und Sie können sie ermutigen und unterstützen. Ältere Kinder ziehen sich vielleicht lieber in ihr Zimmer zurück, aber schauen Sie regelmäßig vorbei und überprüfen Sie die Hausaufgaben, wenn sie erledigt sind.

Wo auch immer die Kinder ihre Hausaufgaben machen, ist es wichtig, dass ihr Arbeitsbereich sicher ist:

- gut beleuchtet
- komfortabel
- mit Schulmaterial (Stifte, Bleistifte, Papier, Hefter, Taschenrechner, Lineal, etc.) und Nachschlagewerken (Wörterbuch, Thesaurus) bestückt
- ruhig und frei von Ablenkungen - Fernsehen, Videospiele, Telefonate oder andere Familienmitglieder

Wenn Kinder einen Computer für Schularbeiten benötigen, versuchen Sie, ihn in einem gemeinsamen Raum aufzustellen, nicht in einem Schlafzimmer, so dass Sie das

Spielen von Videospielen, das Chatten mit oder das Versenden von E-Mails an Freunde oder das Surfen im Internet zum Spaß während der Lernzeit unterbinden können. Ziehen Sie auch eine Kindersicherung in Betracht, die über Ihren Internetdienstanbieter (ISP) verfügbar ist, sowie Software, die ungeeignetes Material blockiert und filtert. Finden Sie heraus, welche Websites die Lehrer Ihrer Kinder empfehlen, und setzen Sie ein Lesezeichen für den einfachen Zugriff darauf.

Die unterstützende Rolle eines Elternteils

Wenn es um Hausaufgaben geht, seien Sie da, um Unterstützung und Anleitung zu bieten, Fragen zu beantworten, bei der Interpretation der Anweisungen zu helfen und die erledigte Arbeit zu überprüfen. Widerstehen Sie aber dem Drang, die richtigen Antworten zu geben oder Aufgaben zu erledigen.

Konzentrieren Sie sich darauf, den Kindern zu helfen, die Problemlösungsfähigkeiten zu entwickeln, die sie brauchen, um diese und andere Aufgaben zu bewältigen, und ermutigen Sie sie dabei. Sie werden Selbstvertrauen und Freude am Lernen entwickeln, wenn sie es selbst tun.

Hier sind weitere Tipps, um Kindern die Hausaufgaben zu erleichtern:

- **Schaffen Sie eine Routine. Vermitteln** Sie die Botschaft, dass die Schularbeit oberste Priorität hat, indem Sie Grundregeln aufstellen, z. B. eine regelmäßige Zeit und einen regelmäßigen Ort für die Erledigung der Hausaufgaben. Und machen Sie klar, dass es kein Fernsehen, Telefonieren, Videospielen usw. gibt, bis die Hausaufgaben erledigt und kontrolliert sind.
- **Entwickeln Sie eine Strategie für Hausaufgaben.** Bringen Sie den Kindern bei, eine Bestandsaufnahme zu machen, wie viele Hausaufgaben es gibt und was sie beinhalten, damit sie eine Strategie entwickeln können, die zu ihrem Arbeitspensum und Temperament passt. Einige Kinder möchten vielleicht zuerst die schwierigeren Aufgaben in Angriff nehmen - wenn die geistige Energie am höchsten ist -, während andere es vorziehen, die leichteren Aufgaben hinter sich zu bringen. Indem Sie ihnen helfen, an die Hausaufgaben mit einer Strategie heranzugehen, wenn sie jung sind, bringen Sie Ihren Kindern bei, dies später selbstständig zu tun. Erlauben Sie ihnen, bei Bedarf eine Pause zu machen, und führen Sie sie dann mit frischer Konzentration und Energie zurück zu den Hausaufgaben.

- **Vermitteln Sie Organisationstalent.** Niemand wird mit großen organisatorischen Fähigkeiten geboren - sie werden mit der Zeit erlernt und geübt. Die meisten Kinder kommen in der Mittelstufe zum ersten Mal mit mehreren Lehrern und Klassenzimmern in Berührung, wenn Organisation ein Schlüssel zum Erfolg wird. Bringen Sie Ihrem Kind bei, wie man einen Kalender oder persönlichen Planer benutzt, um sich zu organisieren.
- **Wenden Sie die Schule auf die "reale Welt" an.** Sprechen Sie darüber, wie das, was sie jetzt lernen, außerhalb des Klassenzimmers angewendet werden kann, z. B. wie wichtig es ist, Fristen einzuhalten - genau wie Erwachsene in der Arbeitswelt - oder wie die Themen im Geschichtsunterricht mit den aktuellen Ereignissen in den Nachrichten zusammenhängen.

Hausaufgaben Probleme

Besonders wenn Kinder älter werden, können sich die Hausaufgaben summieren und schwieriger zu bewältigen sein. Diese Strategien können helfen:

- **Seien Sie da.** Sie müssen bei den Hausaufgaben nicht ständig anwesend sein, aber seien Sie da, falls Sie gebraucht werden. Wenn Ihr Sohn z.B. von stundenlangen Matheaufgaben genervt ist, schlagen Sie ihm vor, eine Pause zu machen, vielleicht indem er mit Ihnen ein paar Körbe wirft. Ein frischer Kopf ist vielleicht alles, was er braucht, aber wenn es Zeit ist, zu den Hausaufgaben zurückzukehren, fragen Sie, wie Sie helfen können.

- **Bleiben Sie in Kontakt mit den Lehrern.** Bleiben Sie das ganze Schuljahr über in gutem Kontakt mit den Lehrern, um über die Fortschritte Ihres Kindes informiert zu bleiben, insbesondere wenn Ihr Kind Schwierigkeiten hat. Verpassen Sie keine Elternabende und führen Sie einen ständigen Dialog. Die Lehrer können Ihnen mitteilen, was im Klassenzimmer passiert und wie Sie Ihrem Kind zum Erfolg verhelfen können. Sie können auch darum bitten, über Tests, Prüfungen und Projekte auf dem Laufenden gehalten zu werden.
- **Vergessen Sie die Lernfähigkeiten nicht.** Lernfähigkeiten werden in der Schule oft nicht betont. Wenn Sie Ihrem Kind beim Lernen für einen Test helfen, schlagen Sie ihm einige effektive Lernstrategien vor, wie z. B. die Verwendung von

Karteikarten oder das Mitschreiben und Unterstreichen beim Lesen.

- **Ermutigen Sie Kinder, sich zu melden.** Die meisten Lehrer stehen für zusätzliche Hilfe vor oder nach der Schule zur Verfügung und können vielleicht auch andere Ressourcen empfehlen. Ermutigen Sie Ihre Kinder also, bei Bedarf um Hilfe zu bitten, aber denken Sie daran, dass Kinder in der Schule dafür belohnt werden, dass sie die richtigen Antworten wissen, und niemand fällt gerne dadurch auf, dass er sagt, dass er sie nicht hat. Loben Sie Ihre Kinder für ihre harte Arbeit und Mühe.

Warten Sie nicht auf die Zeugnisse, um herauszufinden, dass es Probleme in der Schule gibt. Je früher Sie eingreifen, desto eher können Sie Ihrem Kind helfen, wieder in die Spur zu kommen.

Wenn Kinder mit Hausaufgaben zu kämpfen haben

Konsistente Beschwerden über Hausaufgaben oder andauernde Kämpfe mit Aufgaben könnten auf ein Problem hinweisen.

In manchen Fällen müssen Kinder einfach bessere Lerngewohnheiten erlernen und einüben. Vergewissern Sie sich, dass Ihre Kinder die Aufgaben richtig aufschreiben, und ermutigen Sie sie, ein tägliches Hausaufgabenheft zu führen, das sowohl Kindern als auch Eltern helfen kann, genau zu wissen, welche Aufgaben wann fällig sind. Wenn eine bestimmte Aufgabe Ihrem Kind mehr Schwierigkeiten bereitet als andere, schicken Sie eine Notiz an den Lehrer, in der Sie auf die Schwierigkeiten hinweisen.

Aber wenn ein Kind ständig Schwierigkeiten hat, die Hausaufgaben zu verstehen oder zu erledigen, könnten umfassendere Probleme (wie Lernschwierigkeiten, ADHS oder Seh- oder Hörprobleme) den akademischen Fortschritt beeinträchtigen.

Indem Sie mit Ihrem Kind die Hausaufgaben durchgehen und mit dem Lehrer Ihres Kindes sprechen, können Sie eventuelle Lernprobleme erkennen und frühzeitig angehen.

Das Fundament legen

Der Schlüssel, um Kindern wirklich bei den Hausaufgaben zu helfen, ist zu wissen, wann man eingreifen muss. Stellen Sie sicher, dass Ihre Kinder wissen, dass Sie zur Verfügung stehen, wenn es ein Problem gibt, aber dass es wichtig ist, selbstständig zu arbeiten. Ermutigen Sie Ihre Kinder zu Anstrengung und Entschlossenheit - nicht nur zu den Noten, die sie bekommen.

Seien Sie ein gutes Beispiel, indem Sie Ihre eigene Liebe zum Lernen zeigen. Während Ihr Kind Hausaufgaben macht, machen Sie selbst welche - lesen Sie Bücher, Zeitschriften und Zeitungen; schreiben Sie Briefe, Listen und E-Mails; nutzen Sie mathematische Fähigkeiten, um Ausgaben zu berechnen oder das Scheckbuch auszugleichen. Indem Sie zeigen, dass Lernen auch nach der Schule wichtig ist - und sogar Spaß macht -, helfen Sie Ihren Kindern zu verstehen, dass der Aufbau von Wissen etwas ist, das man ein Leben lang genießen kann.

Helfen Sie Ihrem Teenager bei den Hausaufgaben

In der Mittel- und Oberstufe werden die Hausaufgaben intensiver und die Noten werden wichtiger.

Gleichzeitig stehen Teenager vor einer Menge anderer großer Veränderungen. Sie stellen sich auf die körperlichen und emotionalen Auswirkungen der Pubertät ein, während ein reges Sozialleben und sportliche Verpflichtungen an Bedeutung gewinnen, und viele nehmen auch Teilzeitjobs an.

Eltern können eine entscheidende Rolle dabei spielen, Teenagern zu helfen, mit diesen Herausforderungen umzugehen und in der Schule erfolgreich zu sein, indem sie ein wenig Hilfe, Unterstützung und Anleitung geben und wissen, bei welchen Problemen sie sich einbringen müssen und bei welchen sie sich zurückhalten müssen.

Ort einrichten

Stellen Sie sicher, dass Ihr Teenager einen ruhigen, gut beleuchteten, ablenkungsfreien Platz zum Lernen hat. Der Platz sollte mit Papier, Stiften, einem Taschenrechner, einem

Wörterbuch, einem Thesaurus und allen anderen notwendigen Materialien ausgestattet sein. Er sollte weit weg von Ablenkungen wie Fernsehern, Videospielen, Smartphones und anderen Geräten sein.

Ihr Teenager zieht es vielleicht vor, sich zum Arbeiten in einen privaten Raum zurückzuziehen, anstatt umgeben von Eltern und Geschwistern zu lernen. Gewähren Sie diese Unabhängigkeit, aber schauen Sie von Zeit zu Zeit nach, um sicherzustellen, dass Ihr Teenager nicht abgelenkt wird.

Wenn Ihr Teenager einen Computer für Aufgaben benötigt, versuchen Sie, ihn in einem gemeinsamen Raum aufzustellen, nicht in einem Schlafzimmer, um das Spielen von Videospielen, das Chatten mit oder das Senden von E-Mails an Freunde oder das Surfen im Internet zum Spaß während der Lernzeit zu verhindern. Ziehen Sie auch eine Kindersicherung in Betracht, die über Ihren Internetdienstanbieter (ISP) verfügbar ist, sowie Software, die ungeeignetes Material blockiert und filtert.

Finden Sie heraus, welche Websites von Lehrern empfohlen werden, und setzen Sie ein Lesezeichen für einen einfachen Zugriff. Bringen Sie Ihrem Teenager bei, wie er nach verlässlichen Informationsquellen sucht, und überprüfen Sie alle, die fragwürdig erscheinen.

Die unterstützende Rolle eines Elternteils

Wenn es um Hausaufgaben geht, seien Sie da, um Unterstützung und Anleitung zu bieten, Fragen zu beantworten, bei der Interpretation der Anweisungen zu helfen und die fertige Arbeit zu überprüfen. Widerstehen Sie aber dem Drang, die richtigen Antworten zu geben oder Aufgaben zu erledigen.

Es kann schwierig sein, Ihre Kinder wegen der Hausaufgaben gestresst zu sehen, besonders wenn ein Test oder ein wichtiger Abgabetermin ansteht. Aber Sie können ihnen helfen, indem Sie ihnen die Problemlösungsfähigkeiten beibringen, die sie brauchen, um ihre Aufgaben zu bewältigen, und indem Sie sie ermutigen, wenn sie es tun.

Weitere Tipps, wie Sie Ihrem Teenager die Hausaufgaben erleichtern können:

- **Planen Sie im Voraus.** Setzen Sie sich regelmäßig mit Ihrem Teenager zusammen, um die Klassenbelastung durchzugehen und sicherzustellen, dass sie ausgeglichen ist. Wenn Ihr Teenager ein besonders hohes Arbeitspensum zu bewältigen hat, sollten Sie prüfen, ob Sie den Tagesplan so umgestalten können, dass es tagsüber eine Lernhalle gibt oder die außerschulischen Aktivitäten eingeschränkt werden.

Lehrer oder Beratungslehrer haben vielleicht eine Vorstellung davon, in welchen Klassen mehr oder weniger Arbeit anfällt.

- **Schaffen Sie eine Routine. Vermitteln** Sie die Botschaft, dass die Schularbeit oberste Priorität hat, indem Sie Grundregeln aufstellen, z. B. eine regelmäßige Zeit und einen regelmäßigen Ort für die Erledigung der Hausaufgaben. Und machen Sie klar, dass es kein Fernsehen, Telefonieren, Videospielen usw. gibt, bis die Hausaufgaben erledigt und kontrolliert sind.

- **Vermitteln Sie Organisationstalent.** Niemand wird mit großen organisatorischen Fähigkeiten geboren - sie werden mit der Zeit erlernt und geübt. Die meisten Kinder kommen in der Mittelstufe zum ersten Mal mit mehreren Lehrern und Klassenzimmern in Berührung, wenn Organisation ein Schlüssel zum Erfolg wird. Geben Sie Ihrem Teenager einen Kalender oder persönlichen Planer, um ihm bei der Organisation zu helfen.

- **Wenden Sie die Schule auf die "reale Welt" an.** Sprechen Sie darüber, wie das, was Jugendliche jetzt lernen, außerhalb des Klassenzimmers angewendet werden kann, z. B. wie wichtig es ist, Fristen einzuhalten - wie sie es auch am Arbeitsplatz tun müssen - oder wie Themen im Geschichtsunterricht mit den heutigen Nachrichten zusammenhängen.

Hausaufgaben Probleme

Besonders in den späteren Klassenstufen können sich die Hausaufgaben summieren und schwieriger zu bewältigen sein. Diese Strategien können helfen:

- **Seien Sie da.** Sie müssen nicht bei den Hausaufgaben dabei sein, aber seien Sie da, falls Sie gebraucht werden. Wenn Ihr Sohn zum Beispiel von Geometrieproblemen, die er seit Stunden zu lösen versucht, zerfressen ist, schlagen Sie ihm vor, eine Pause einzulegen, vielleicht indem er mit Ihnen ein paar Körbe wirft. Ein frischer Geist ist vielleicht alles, was er braucht, aber wenn es Zeit ist, zu den Hausaufgaben zurückzukehren, fragen Sie, wie Sie helfen können.
- **Bleiben Sie in Kontakt mit der Schule.** Bleiben Sie während des gesamten Schuljahres mit den Beratungslehrern und Lehrern in Kontakt, um auf dem Laufenden zu bleiben, besonders wenn Ihr Teenager Probleme hat. Sie halten Sie auf dem Laufenden, was in der Schule vor sich geht und wie Sie

Ihrem Teenager helfen können. Sie können Sie zu Nachhilfemöglichkeiten führen, Ihnen einen Überblick über die Kursbelastung geben und Sie bei Problemen wie Legasthenie, ADHS, Seh- oder Hörproblemen beraten. Sie können auch über Tests, Prüfungen und Projekte auf dem Laufenden gehalten werden.

- **Vergessen Sie die Lernfähigkeiten nicht.** Helfen Sie Ihrem Teenager, gute Lernfähigkeiten zu entwickeln - sowohl im Unterricht als auch bei den Hausaufgaben. Niemand wird mit dem Wissen geboren, wie man lernt, und oft werden diese Fähigkeiten im Klassenzimmer nicht betont. Wenn Sie Ihrem Teenager zum Beispiel beim Lernen für einen Test helfen, schlagen Sie ihm Strategien vor, wie die Verwendung von Karteikarten zum Einprägen von Fakten oder das Mitschreiben und Unterstreichen beim Lesen.
- **Ermutigen Sie die Schüler, sich zu melden.** Die meisten Lehrer stehen für zusätzliche Hilfe vor oder nach der Schule zur Verfügung und können vielleicht auch andere Ressourcen empfehlen. Ermutigen Sie Ihren Teenager, bei Bedarf um Hilfe zu bitten, aber denken Sie daran, dass Schüler in der Schule dafür

belohnt werden, dass sie die richtigen Antworten wissen, und niemand fällt gerne damit auf, dass er sagt, dass er sie nicht hat. Loben Sie die harte Arbeit und die Bemühungen Ihres Teenagers und fragen Sie den Vertrauenslehrer oder die Lehrer nach Ressourcen für Unterstützung, wenn Sie diese benötigen.

Warten Sie nicht auf die Zeugnisse, um herauszufinden, dass es Probleme in der Schule gibt. Je früher Sie eingreifen, desto eher können Sie Ihrem Teenager helfen, wieder in die Spur zu kommen.

Lernen fürs Leben

Stellen Sie sicher, dass Ihr Teenager weiß, dass Sie zur Verfügung stehen, wenn es ein Problem gibt, aber dass es wichtig ist, selbstständig zu arbeiten. Ermutigen Sie zu Anstrengung und Entschlossenheit - nicht nur zu guten Noten. Dies ist entscheidend, um Ihre Kinder zu motivieren, in der Schule und im Leben erfolgreich zu sein.

Mit ein wenig Unterstützung durch die Eltern können Hausaufgaben eine positive Erfahrung für Teenager sein und lebenslange Fähigkeiten fördern, die sie für den Erfolg in der Schule und darüber hinaus benötigen.

Haftungsausschluss

Dieses Buch enthält Meinungen und Ideen des Autors / der Autorin und hat die Absicht, Menschen hilfreiches und informatives Wissen zu vermitteln. Die enthaltenen Strategien passen möglicherweise nicht zu jedem Leser, und es gibt keine Garantie dafür, dass sie auch wirklich bei jedem funktionieren. Die Benutzung dieses Buchs und die Umsetzung der darin enthaltenden Informationen erfolgt ausdrücklich auf eigenes Risiko. Haftungsansprüche gegen den Autor für Schäden materieller oder ideeller Art, die durch die Nutzung oder Nichtnutzung der Informationen bzw. durch die Nutzung fehlerhafter und/oder unvollständiger Informationen verursacht wurden, sind ausdrücklich ausgeschlossen. Das Werk, inklusive aller Inhalte, gewährt keine Garantie oder Gewähr für Aktualität, Korrektheit, Vollständigkeit und Qualität der bereitgestellten Informationen. Druckfehler und Fehlinformationen können nicht vollständig ausgeschlossen werden.

Impressum:

Ataro Kitap Yayıncısı, İsmet Kaptan, Gazi Blv.

No:116, 35210 Konak/İzmir, Turkey,

atarokitap.izmir@gmail.com

Printed in Poland
by Amazon Fulfillment
Poland Sp. z o.o., Wrocław

77596526R00066

Instagram Marketing für Unternehmen:

Wie Sie Instagram meistern, Ihre Zielgruppe erreichen und neue Kunden gewinnen. Schritt für Schritt zu 100k Followern.

Mark Richter